MELGAREJO

Published by
TOBF Press
South Boston, Virginia, 2015
Based on a first edition by
La Colmena SA, Asunción, Paraguay, 1939

Printed in U.S.A.

MELGAREJO
Fundador de la ciudad de la Villa Rica del Espíritu Santo

RAMON INDALECIO CARDOZO

Editado, corregido y anotado por
Saul M. Montes-Bradley II

Sólo en tí confía

PRÓLOGO

Alvar Núñez Cabeza de Vaca
Jerez de la Frontera c. 1490 – Sevilla c. 1560

Descubridor de la Florida siendo Tesorero de la expedición de Narváez en 1528, fue hecho prisionero y esclavo de los indios, escapando a pie al cabo de seis años hacia Nueva España. Durante tres años recorrió los estados de Florida, Alabama, Mississippi, Luisiana, Texas, Nuevo México y Arizona, hasta llegar a la Baja California, donde fue rescatado por Diego de Alcaraz. A su regreso Carlos V lo nombró 1er Adelantado y Gobernador del Río de la Plata, pero al naufragar en camino, debió llegar a pie, descubriendo las cataratas del Iguazú en el trayecto. A su arribo a Asunción no fue muy bien recibido por las huestes de Irala, y su defensa de las Leyes de Indias finalmente llevaron a este último a derrocarlo y enviarlo engrillado a España. Durante este difícil momento contó con la lealtad de Melgarejo, miembro de su expedición y con quien había peleado en las guerras de Italia, que habría de defender su honor, con gran costo personal, hasta el fin de sus días.

Prólogo

En los años que he dedicado a la investigación histórica y genealógica en la América del Sur, me he acostumbrado a la pobreza intelectual de los historiadores locales, más una colección de copistas y panfletarios que muestran mayor preocupación por el tono político de su producción que por la exactitud de sus investigaciones. La mayoría de las fuentes secundarias consultadas, con pocas excepciones, no han sido más que copias de copias de fábulas generalmente impías cuando no el más desvergonzado plagio.

Las numerosas biografías del Almirante Guillermo Brown, por ejemplo, no son más que collages de aquélla que publicara Tomás Guido hace más de un siglo –supuesta traducción de la autobiografía del Almirante–, sin aportar el menor detalle de interés y ocultando, a como dé lugar, el original en inglés del propio Brown que ya no se puede encontrar. Por cierto, hay pocas si nobilísimas excepciones. Enrique de Gandía (1906-2000), por ejemplo, que más allá de la extraordinaria extensión de su producción, da muestras de una preocupación singular por entender las fuentes documentales que cita invariablemente. Entre los más contemporáneos, Tulio Halperín Longhi (1926-2014), quien se ha tomado el trabajo de publicar transcripciones de numerosas fuentes primarias que de otro modo estarían fuera del alcance de la mayoría de los investigadores. Es entre estos últimos que se cuenta el Profesor Ramón Indalecio Cardozo. Basta leerlo para ver en él a un hombre ilustrado y erudito en la materia que trata, preocupado más por descubrir que por probar alguna tesis apriorística. Los resultados saltan a la vista.

Ruy Díaz Melgarejo fue uno de los principales gestores de la conquista de América. Caballero hijodalgo de la crema de la sociedad hispalense, púsose al servicio del Emperador Carlos V a edad temprana y, luego de prestar servicios en las campañas en Italia y participar del *Saco de Roma*, vino a América entre los primeros y a lo largo de décadas fundó ciudades en la selva, inició industrias, salvó al Adelantado Ortiz de Zárate de una suerte harto desagradable y, junto con su cuñado Juan de Garay, participó en la fundación de Santa Fé y de la ciudad de la Trinidad y puerto de Buenos Aires.

Sin embargo, tras casi cuatro lustros perdidos en las escuelas públicas de Buenos Aires nunca oí hablar de él, a excepción de algún pasaje de del Barco Centenera en clases no de historia, sino de literatura. No fue sino hasta que la investigación de mi propia estirpe me llevó a encontrarlo entre mis ancestros (12° abuelo), que me preocupé por saber quién era. La tarea no es fácil. La gran mayoría de los escribas contemporáneos no han sabido descifrar ni su nombre, insistiendo en agregar indebidamente la preposición "de" que ni corresponde ni es siquiera gramaticalmente correcta. Los pocos que se refieren a él lo hacen en un contexto caricaturesco como a un personaje rudo, cruel y revoltoso que en modo alguno resiste el menor encuentro con los documentos de la época.

¿Cómo es posible que este Caballero sevillano sea retratado sistemáticamente como un rufián? ¿Por qué sus obras, su lealtad a su soberano y a sus amigos y sus décadas de buen gobierno se olvidan, dejando sólo una mendaz reseña de sus enfrentamientos con I-rala y Mendoza? La respuesta, tal vez, se encuentre en el trágico incidente (relatado por Centenera) de la muerte de su esposa. Vamos, que ultimar a la adúltera no era para tanto, pero extender la venganza al cura que le ultrajó, es otra cosa. Pareciera que aunque sus contemporáneos hayan sido rápidos en perdonarle y restituírlo en el goce de sus oficios, no alcanzan sus virtudes para que hagan lo mismo los escribas con veleidades de beatos de nuestros días. Asimismo, para aquellos que ven en cada mujer aborigen una princesa guaraní, su condición de Conquistador y encomendero es imperdonable, muy a pesar del afecto que le profesaron los indios de su tiempo que –sabiéndolo su defensor– se rebelaron a su retiro reclamando la vuelta del anciano Melgarejo a la gobernación del Guairá. Anacronismo de unos y prejuicios cuando no memez de otros se combinan para negar a Melgarejo su justo lugar entre los fundadores de la civilización americana.[1]

---

[1] Para mejor entender el contexto de la época y las depredaciones de los partidarios de Irala tanto contra los indios cuanto contra los primeros conquistadores a las que se enfrentara Melgarejo, además de la carta del propio Melgarejo a Carlos V incluída en el trabajo original, hemos agregado las siguientes:
Documento N° 17, Carta de Antonio de Escalera a Carlos V del 25 de abril de 1556;
Documento N° 18, Carta de Juan Pavón al Lic. Agreda del Consejo de Indias del 15 de junio de 1556;
Documento N° 19, Carta de Juan Muñoz de Carvajal a Carlos V del 15 de junio de 1556;
Docuento N° 20, Carta de Bartolomé García al real Consejo de Indias del 24 de junio de 1556; y
Documento N° 21, Carta de Martín González a Carlos V del 25 de junio de 1556.

Prólogo

Es en este contexto que descubrí el trabajo del Prof. Cardozo, que con habilidad y lenguaje ameno, se esfuerza por pintar a Melgarejo a la luz de su tiempo y –a diferencia de los menos hábiles charlatanes contemporáneos– nos provee transcripciones de los documentos en que se basa para mejor entender al personaje. Es por eso que decidí rescatar a ambos del olvido y ofrecerlos en una nueva edición que ponga al alcance de quien esté interesado tanto la magnífica si breve obra de Cardozo cuanto los documentos relativos a la vida de Melgarejo con algunas observaciones, producto de descubrimientos hechos *a posteriori* de la publicación inicial en 1939, que no solamente complementan, sino que confirman el trabajo precursor del Prof. Cardozo. Por ejemplo, la investigación del Dr. Agustín Zapata Gollán (1895-1986) que llevó al descubrimiento de la vieja ciudad de Santa Fé, en las inmediaciones de la ciudad de Cayastá, y su difusión en 1953 –a catorce años de la publicación de *Melgarejo* y diez del fallecimiento del Prof. Cardozo. El Dr. Zapata Gollán, en sus excavaciones, descubrió el perdido convento de San Francisco y la tumba de Melgarejo. Asimismo, sabemos de otros hijos de Melgarejo, nacidos en Santa Fé años después de los documentos mencionados en este trabajo, por las testamentarias de ellos mismos y referencias contemporáneas.

Queda ciertamente mucho por desenterrar, y espero que este material sirva para incentivar a otros a insistir en la recuperación de este noble hidalgo –descendiente de Alfonso IX y del Cid Campeador– cuya tenacidad, temple, honestidad y coraje fueron instrumentales en la civilización del vasto territorio entre Asunción, Buenos Aires y San Pablo.

Saúl M. Montes-Bradley II
South Boston, enero de 2015

División de la América portuguesa
Luís Teixeira (c. 1574)

La línea del Tratado de Tordesillas está dislocada diez grados al oeste,
llegando hasta Asunción. Sin embargo, puede observarse claramente la
zona de actividades de Melgarejo.

PREFACIO

Al escribir nuestra historia *El Guairá* tuvimos la oportunidad de rever la actuación del capitán Ruy Díaz Melgarejo, el fundador de la ciudad de Cuaracyberá y, a través de los escasos documentos que hemos podido obtener en el Archivo Nacional con el concurso del director de dicha institución, don Doroteo Barreiro, así como de libros y revistas que hemos tenido a mano, vimos surgir, fuerte y exuberante, la vida de aquel hombre, digno prototipo del castellano conquistador del siglo XVI, que si bien no ha tenido la audacia y el equilibrio de Domingo de Irala para dominar el escenario asunceño de los primeros tiempos de la conquista, poseía suficiente fuerza de voluntad para no ser absorbido por el medio y sumergirse en el mar del anonimato como el común de los enviados por España al Río de la Plata.

**Escudo de
Villa Rica del Espíritu Santo**

Actuó con vehemencia en la anarquía de la Capital de la Conquista como hombre proyectivo y fiel partidario del desgraciado segundo Adelantado, permaneció leal a sus ideas sin perdonar hasta la muerte a los tránsfugas, luchó por la justicia en contra de los tiranuelos enseñoreados de la ciudad comunera y sufrió persecuciones y prisiones.

En aquellos años de 1542 a 1556, la naciente ciudad, Capital de la Conquista del Río de la Plata, era un escenario muy reducido para contener a los dos actores más grandes del drama histórico del momento, Irala y Melgarejo, por eso chocaron y se excluyeron alejándose el uno para desenvolverse libremente en otro espacio lleno de grandeza como su alma inquieta y soberbia; el uno, jefe de un partido mayoritario, quedó en Asunción como dueño absoluto y el otro, fue al Guairá a poblarlo con su esfuerzo y actividad.

Los documentos de la época, casi todos escritos por sus enemigos políticos, están llenos de acusaciones por supuestas o reales crueldades, de las que se hicieron eco algunos de nuestros historiadores; pocos son los que le presentan como constructor. De esta manera su personalidad legendaria pasó a la historia casi con la celebridad de un Gengis Jan o un Tamerlán que se deleitaban en matar y hacer matar. Y para que su figura apareciera más acentuada por el espacio dramático, tuvo la desgracia de la tragedia de su hogar, legal y honestamente constituído.

Atraídos por su personalidad singular hemos delineado esta monografía suya, pero, como siempre, en espera de la proyección de otras plumas mejores.

R. I. C., Asunción, 1939

EL HOMBRE

Ruy Díaz Melgarejo

Fundador de la ciudad de
Villa Rica del Espíritu Santo[2]

Las naos y carabelas de la armada del magnífico Adelantado y Gobernador del Río de la Plata, don Alvar Núñez Cabeza de Vaca,
evacuaron sus cargadas bodegas en la costa de Santa Catalina el 29
de marzo de 1541, un sábado del Ramos[3], después de ciento cuarenta y nueve días de navegación llena de peripecias. Entre la numerosa gente bajada a tierra, figuraba un joven capitán, Ruy Díaz
Melgarejo[4] llamado a desempeñar un importante papel en la conquista y colonización del Río de la Plata, especialmente de la provincia del Guairá, con la celebridad del hombre de acción que no
puede sustraer su nombre de la publicidad de la Historia, y los ful-
gores del rayo aniquilador.

Procedía de Sevilla, probablemente de la aldea de Salteras[5], tierra
en la que el sol brilla con mayor intensidad y los naranjos florecen
con perfume más embriagador, y de donde, invocando a Santa María de la Victoria y entregándose a la sucia corriente del Guadalquivir, salieron a principios del siglo XVI por San Lúcar y Cádiz
para ultramar, grandes capitanes y célebres pilotos para enriquecer
los dominios de los césares de España y cubrir de laureles los jar-
dines de la Historia.

---

[2] Como se verá en el Apéndice, y en la firma cuyo facsímil publicamos, en todos los documentos insertos, aparece como nombre de este conquistador,
Ruy Díaz Melgarejo sin la preposición denotativa de procedencia. Nosotros,
siguiendo a nuestros viejos historiadores; habíamos consignado en nuestro
libro *El Guayrá*, Ruy Díaz de Melgarejo que rectificamos de acuerdo con
los documentos.
N.E.: Corrige acertadamente el Prof. Cardozo, aunque más allá del estilo de
la rúbrica es claro que una preposición de lugar sólo puede ser usada prece-
diendo al lugar mismo. En este caso, si el toponímico fuera Melgar, pues
bien estaría estilarlo "de Melgar"; por otro lado, agregar la preposición de
marras al adjetivo que denota procedencia "Melgarejo" es, francamente, ab-
surdo, lo que no impide que escribas de toda laya persistan aún hoy en el
error.

[3] Dr. Roberto Leviller, *Los comentarios de Alvar Núñez Cabeza de Vaca*, Cap. I;
e Informe del factor Dorantes, correspondencias de los oficiales reales,
Tomo I.

[4] Ruy Díaz de Guzmán, *La Argentina*, Libro I, Cap. I; y Enrique Peña, *Fragmentos históricos sobre temas coloniales*.

[5] Testamento de Ruy Díaz Melgarejo, ver el Apéndice, Doc. N° 14.

Ramón Indalecio Cardozo

Sus padres fueron don Francisco de Vergara y doña Beatriz de las Roelas, vecinos de la misma ciudad[6], su abuela se llamaba doña Francisca de Ribera. Además, había dejado a una hermana, doña Juana Ortiz Melgarejo, residente en Sevilla, en San Julián de Caldebeato y a un hermano, Hernando Ortiz Melgarejo. Vino con él en la misma armada, otro hermano, don Francisco Ortiz de Vergara que fue después gobernador del Río de la Plata.

Hijodalgo; fue soldado del Emperador Carlos V a cuyas órdenes actuó durante seis años[7]; estuvo en Italia en la toma y saqueo de Roma[8].

Fue, pues, uno de aquellos que, desde la costa de Santa Catalina, *"uinyeron por tierra de montañas e Rios, e cañauerales a pie a-briendo camynos y descubriendolos,...en la qual Jornada se pa-saron muchos y escesiuos trabajos, ansy de hambre como otros in-fortunios..."*[9].

Su actuación de los primeros tiempos de su estada en el Paraguay es borrosa, casi desconocida. Sólo se sabe que formó parte de la expedición que por orden del Adelantado Alvar Núñez, llevó Irala en contra de *Tabaré*, en la zona de *Ypané* en 1542[10] y que acompañó a aquél al Perú.

Nuestro insigne historiador don Fulgencio R. Moreno dice, al hablar de los conquistadores que se encontraban en la Asunción en 1542: *"...y Ruiz Díaz de Melgarejo, sobresaliente capitán, de variadas aventuras, destinado a dejar entre las huellas de su larga vida, siniestra fama de crueldad, por sus tragedias domésticas y sus bizantinas atrocidades con los indios."*

Ruy Díaz de Melgarejo, que a la par de su hermano, el futuro gobernador Francisco Ortiz de Vergara y los capitanes Nuño de Chaves y Pedro Dorantes vino en la armada de Alvar Núñez: fue, como dice Groussac, *una de las de las figuras más acentuadas de la conquista.*[11]

Uno de los capítulos de cargos que se hicieron al gobernador don Francisco Ortiz de Vergara en La Plata, para destituírsele, fue *"que tiene un hermano llamado rrui diaz mal ombre y que ha muerto*

---

[6] Testamento de Ruy Díaz Melgarejo, ver el Apéndice. Doc. N° 14.
[7] Carta de Ruy Díaz Melgarejo al Rey, Doc. N° 2.
[8] Probanza de los servicios de Ruy Díaz Melgarejo hecha levantar por Manuel Frías, Doc. N° 15.
[9] Pobanza de los servicios de Francisco Ortiz de Vergara. Doc. N° 6.
[10] Ruy Díaz de Guzmán, *La Argentina*, Libro I, Cap. II., p. 14.
[11] Fulgencio R. Moreno, *La ciudad de la Asunción.*

ocho ombres y entre ellos dos clerigos y a su muger malamente sin tener culpa y cometido muchos delitos".[12]

Gregorio de Acosta le pinta de la peor manera: *"El Capitán Ruy Diaz Melgarejo –dice– es un hombre muy cruel revoltoso y desasosegado y hombre de larga concencia que no teme muncho a Dios especialmente es amigo de matar hombres, y mato a su muger y a un clerigo y aun mancebo y a hechos otros delitos mayormente con estos sudictos de Vuestra Magestad que son los yndios naturales que sin culpa a muerto mas de dos mil personas de muertes crueles sacándoles los ojos y las tripas por las uerixas cortandoles las cabezas, haciendolos cuartos, cortandoles las manos y brazos, cortándoles las narizes y las orexas solamente porque lo oviesen miedo en las guerras que les a echo an sido a fuego y sangre porque le oviesen miedo, niñas y niños y despoxando las casas llevandoselas por que de una ves metio cuatro cientos piezas y las metió en la ciudad de la Asunción entre muchachos y muchachas y mugeres qitadas de sus maridos y de sus Padres y Madres..."*[13]

Y fray Pedro Hernández de la Torre, obispo de las provincias del Río de la Plata, transmitió en su *Ynformación* la siguiente declaración que puso en boca de Juan Redondo:

"...que le parece que dho contador –Felipe de Cáceres– e Ruys diez melgarejo hermano del gouernador que al presente manda son los mas ynquietos e desasosegados que ay en esta tierra..."[14]

La fama de cruel con que pasó a la Historia no se puede negar porque lo fue en realidad: fue aguerrido, severo y muchos hechos que, por voz de sus adversarios personales –porque como hombre combativo los tuvo, y bastantes– se le atribuyen, con razón o sin ella, son calificables, de acuerdo con las severas reglas de la moral de nuestros tiempos, como crueles e inhumanos en sumo grado; pero, tampoco puede negarse que el capitán Melgarejo, como sus compañeros conquistadores españoles de la América, no solamente del Río de la Plata, era hijo de su tiempo, de aquella Europa del siglo XVI netamente individualista, demagógica y cruel. La España de Carlos V y de Felipe II era naturalmente, como los demás pueblos en formación política y social, hondamente personal, inquieta, celosa de su libertad; los fueros aragoneses y las comunidades peninsulares fueron instituciones populares características, génesis de las

---

[12] Fragmentos históricos ya citados.

[13] Gregorio de Acosta, *Relación hecha en el Río de la Plata*; Archivo Colonial, Museo Mitre. Tomo I.

[14] *Colección Garay*, Tomo I.

democráticas, que se enfrentaban al absolutismo real en defensa de las "libertades", como el movimiento comunero encabezado por Juan de Padilla de 1521, no era sino exteriorización de ese espíritu inquieto del español que recorrió, como reguero de pólvora, las campiñas de Flandes e Italia con los tercios Castellanos, arrasándolas. Como dice un autor, el descubrimiento de América salvó a España de las consecuencias que hubiera podido tener en la península aquel hervidero, sirviendo de *válvula de escape que descarga la hipertensión que hace peligrar el organismo de la civilización europea* (Clemente Rici).

El mismo autor nos presenta el cuadro de crueldades inauditas de la época, de ciudades incendiadas, de pozos rellenados con mujeres y niños para hacer pasar sobre ellos los a los ejércitos combatientes, cuadros vivos tal vez representados, como soldados del César Carlos en los saqueos de Milán de Roma, por los mismos personajes que más tarde pasaron a reeditarlos en nuestra América. *"En 1527*, dice, *Roma fue tomada por asalto y saqueada por los soldados del mismo Carlos en forma que hubiera hecho palidecer a Alarico o a Genserico"*[15].

Aquellos varones, pues, cuya estirpe arranca de la Edad Media y que pertenecían a la España del siglo XVI, que vinieron con la energía sobrada, con sus ideas y sus cualidades generales y comunes a los demás, a la América, tenían que imponer su autoridad con *crueles e inhumanos escarmientos*, como impusiera Isabel la Católica la fé llevando a la hoguera a montones a sus súbditos heterodoxos, jugar el todo por el todo en la conquista de las tierras pobladas por salvajes quienes defendían su *espacio vital* al decir moderno, con singular tesón.

No tratamos de ofrecer a las generaciones presentes, la personalidad del capitán Ruy Díaz Melgarejo como un dechado de virtudes ni mucho menos como un mirlo blanco entre los conquistadores de América; le reconocemos sus errores y sus crueldades con el prisma moral de este siglo, sus pasiones de fuertes coloridos y sus impulsividades. Queremos, solamente, presentarle tal como fue el hombre dentro del cuadro general de la época en que actuó, como hijo de la España del siglo XVI que dio a la humanidad tantos grandes capitanes, tantos hombres de acero del mismo temple de sus espadas toledanas, necesarios en aquella edad sin electricidad ni máquinas motorizadas, para el progreso moral y social del mundo. Cada época tiene sus hombres. Queremos hacer resaltar sus buenas condiciones tanto biológicas como psíquicas que seña-

---

[15] *Historia de la Nación Argentina*, Vol. II.

laron su existencia en la lucha con el ambiente, los sueños que alimentaron sus actividades y los caracteres que constituyeron la estructura de su fuerte figura de varón ocultos bajo el velo tupido de sus defectos tendidos sobre sus recuerdos por los informadores y cronistas de la conquista.

Melgarejo era de la misma pasta de Cortés y Pizarro, de Valdivia y Alvarado, quienes dejaron las sendas recorridas teñidas en sangre americana y castellana, para llegar a la inmortalidad.

Además la moral que practicaban, el concepto de humanidad de la época y la opinión de la inferioridad racial del indio, daban lugar a los tratos severos y crueles de los que no se salvaron los indígenas ni con las leyes sapientísimas de Indias, ni con las recomendaciones de los mismos reyes quienes desde lejos, se conmovían ante las informaciones alarmantes de los piadosos religiosos de diversas órdenes diseminados por el continente colombino, ni con las ordenanzas de Alfaro, ni con el corazón de oro de Bartolomé de las Casas. El mismo Domingo de Irala dejó tras sí recuerdos ingratos en los anales por sus *crueldades bizantinas* no sólo en la conquista donde había que guerrear y defender la vida e imponer la autoridad por la fuerza, sino también en la vida privada donde no había razón jurídica o legal, pues, llegó a ordenar mutilaciones ignominiosas por simples celos de sus presuntos rivales en sus amores con sus numerosas indias de servicio[16].

No es, pues, posible juzgar a un hombre de la conquista de América con la santidad de nuestro humanitarismo de siglo XX, ni tampoco condenarlo por las acusaciones contenidas en las crónicas y atribuciones de sus contemporáneos, la mayor parte hijas de la pasión nacidas en las luchas de predominio en las que se entregaron los pobladores de la Capital de la Conquista en aquel período de nuestra historia en el que la provincia se mantuvo entregada a su propia suerte, lejos de la Madre Patria, sin comunicación con ella. Ellos obraron y se movieron en el tablero de la conquista como españoles de la época, de aquel siglo de organización política y social del mundo occidental.

Poniendo de un lado, pues, las aristas áridas del Capitán reconozcamos las otras que las tuvo; no se le puede negar sus resaltantes cualidades de hombre de acción, constructivo y de mando en sumo grado que le acreditan para ser *una de las figuras más acentuadas de la conquista* al decir de Groussac. Su individualidad histórica,

---

[16] Enrique de Gandía *Indios y conquistadores en el Paraguay*; y Colección Garay, *Relación de las cosas que han pasado en el Río de la Plata desde que prendieron al gobernador Caveça de Vaca.*

sus hechos que tienen mucho de epopéyicos, hace tiempo, hubieran ocupado la atención de los recreadores del pasado, los historiadores, si el escenario de su actuación no se hubiese perdido en un rincón hurtado por la falaz diplomacia, del consenso de la opinión universal.

Y si, además, actuó en los disturbios anarcodemocráticos de la inquieta Capital de la Conquista fue obedeciendo a los impulsos generosos de su espíritu romántico que le convirtieron en *defacedor de entuertos*, en un Quijote; se oponía a los atropellos impunes y a las indignidades de los iralistas, buscando el bienestar de sus *probes amigos* para salvar a los cuales de las persecuciones y vejámenes de Irala, señor prepotente, dueño de la vida y hacienda de los colonos asunceños, y de sus sicarios, fue a poblar tierras, a fundar ciudades, a buscar afanosamente en la costra de la tierra, minas de oro y plata, a pasar horas al lado de una rudimentaria fragua, fundiendo metales, sin ser artesano sino hijodalgo.

Salteras
Salteras es hoy una villa a poco menos de 12km de Sevilla, en la depresión del Guadalquivir.

Mapa: Ayuntamiento de Salteras

LA ANARQUÍA

La anarquía

El motín del 25 de abril de 1544, que dio por tierra con el gobierno del segundo adelantado Alvar Núñez Cabeza de Vaca, fue la explosión de la querella de los oficiales reales con aquél, hábilmente explotada por Domingo de Irala a su provecho. Poco después de la llegada del Adelantado, empezaron a circular diversos chismes contra él lanzados por aquéllos, basados en algunas medidas de orden social y económico que, con la sana intención de moralizar la relajada costumbre de la mayoría de los colonos y de aliviar al pueblo del peso de los impuestos que pagaba a beneficio de los oficiales reales, había tomado. El Adelantado, en efecto, en ejercicio de su autoridad dictó diversos bandos el mismo año de 1542 de su toma de posesión del mando: por uno pidió rendición de cuentas a Gregorio Leyes de los bienes de Dn. Pedro de Mendoza de los que era depositario; por otro prohibió a los colonos tener en su casa indias que sean madres e hijas y hermanas para cortar abusos y corrupciones; y, por un tercero, suprimió el pago de los quintos que pagaban los pobladores con el producido de los cuales los oficiales reales se cobraban sus estipendios. Estas medidas irritaron a los oficiales reales y dieron lugar para que éstos querellaran al Gobernador. A ellas hay que agregar, como leñas al fuego ya ardiente, la opinión de aquellos funcionarios y del mismo Irala que disimuladamente obraba como hábil político, de que el Adelantado venía a aguar la fiesta que preparaban con, la riqueza que pensaban recoger en el Perú para donde estaban proyectando una expedición promisoria; los oficiales reales trataban de impedirla, por la idea ya anotada, de que otro iba no solamente a llevarse la gloria del descubrimiento del camino al Perú, sino también a aprovecharse de la riqueza que se encontrase. Los colonos se dividieron en dos bandos, amigos y opositores al nuevo gobierno y cosa de notar es que los elementos preponderantes de ambos sectores eran respectivamente andaluces y vizcaínos, como los dos caudillos principales, lo que les llevaba a tolerarse mutuamente sus faltas como ocurrió cuando triunfaron los motineros quienes abrieron la cárcel y libertaron a un criminal que había asesinado a un sevillano.

Los oficiales reales trabaron constantemente la acción del Adelantado durante la expedición hasta el extremo de éste, convencido de la inutilidad de la persistencia de llevar a término sus propósitos, tuvo que ceder a la requisitoria de Felipe de Cáceres, principal promotor de la oposición, héchale el 18 de marzo de 1544 para volver a la Asunción.

El Adelantado volvió enfermo; por esta causa permaneció encerrado en su domicilio, circunstancia que aprovecharon los revolucionarios para hacer estallar el motín y apresar al representante del Rey, a los gritos de ¡Libertad! ¡Libertad! ¡Abajo el tirano!

El capitán Ruy Díaz Melgarejo fue uno de los leales compañeros y subalternos que le defendieron en el momento del tumulto y, que después, le permanecieron fieles partidarios, por lo que fue tomado preso en compañía de los demás amigos. En efecto, Melgarejo se presentó con su arma para libertar al representante del Rey preso, engrillado en un rancho bajo severa vigilancia, sin poder realizar sus intenciones porque los otros eran numerosos. "*Yten* –dice un documento de la época– *sy saven que despues de vuelto desta entrada susodicha de ay a poco dias una noche prendieron los oficiales de su Mgd. al gouernador caueça de uaca, y sy sauen que el dicho francisco de Vergara juntamente con su hermano y otros amigos q. el conuoco salio a fauorescer al dicho gouernador y por ser muncha la gente q. lleuauan los officiales Reales prendieron al dho don francisco de Vergara y a los demas amigos q. lleuaua consigo...*"[17].

Preso Cabeça de Baca, dice el mismo Melgarejo, "*yo fui preso tanbien por q. la noche q. le prendieron al dho luego acudi con mis armas a la posada del capitan de su guarda q. nunca me oyo en continente començando a dar muestras de mi voluntad q. hera librado, por loqual tanbien me redearguyeron de amotinador...*" y allí no más le apresaron y averiguaron sus antecedentes personales interrogando a los soldados que habían actuado con él en Italia si alguna vez, por allá, no se había amotinado en contra de la autoridad del Emperador, para encausarlo, sin ningún resultado desfavorable para su conducta, al contrario, salió a relucir que la norma de su conducta había sido siempre la lealtad: "*ser asta la muerte fiel y leal Servidor de V. M.*" –dice el capitán[18]. Antonio de Escalera dice: "*...y luego mando prender* (Irala) *y desarmar a todos aquellos q. en fauor del gouernador y en seruicio de V. M. se mostraron yotros de uerse perseguidos se ausentaron desta tierra y se yvan a los yndios de cuya causa los yndios los matavan...*"[19]

Con la deposición del Adelantado por los oficiales reales se hizo crisis en la Asunción, la anarquía que venía incubándose desde ha-

---

[17] Probanza de los servicios de Vergara, Doc. N° 6.
[18] Carta de Ruy Díaz Melgarejo al Emperador Carlos V, Doc. N° 2.
[19] Carta de Antonio de Escalera al Emperador Carlos V, Doc. N° 22.

cía rato: se formaron en la capital de la conquista del Río de la Plata, dos bandos contrarios, irreconciliables, de gentes que respondían a Irala, señor absoluto del imperio español rioplatense, y de los fieles al desventurado Cabeza de Vaca. Eran tirios y troyanos: los que estaban en el poder, perseguían sin cuartel, con crueldad, a los otros de la oposición, reproduciendo las grandes proscripciones de Mario y Sila del período de la decadencia de la democracia romana, fueron principales caudillos alvaristas en aquella nueva Roma, Diego de Abrego, Ruy Díaz Melgarejo, Juan de Salazar de Espinosa, Francisco Ortiz de Vergara, Alonso Riquelme de Guzmán, Alonso Segovia, Juan Pavón, Bartolomé García, los clérigos Antonio de Escalera, Francisco Gonzáles Paniagua, Rodrigo de Herrera, Martín González y Luis de Miranda[20]. Y tal era el terror, que las gentes huían de la ciudad y se metían en los bosques a vivir entre los salvajes que eran, al último, más mansos que los blancos dueños de la Asunción. *"A me guardado Dios* –dice Ruy Díaz en su carta al Rey– *por muchas bezes guareciendome en casas secretas, en escondido otras, en los bosques espesos metido, siete años andube en compañía de un caballero de seuilla, de mi natural deudo…"*[21] Y, como lo dijo Antonio de Escalera en su carta ya citada al Emperador Carlos V, *"otros de uerse perseguidos se ausentaron de esta tierra y se yvan a los yndios de cuya causa los yndios los matavan…"*

Su espíritu inquieto, su voluntad proyectiva, su naturaleza arriesgada y su afición a la causa de Alvar, andaluz como él, le llevaron a tomar parte activa en los disturbios políticos de la comuna asunceña durante la ausencia del gobernador Irala, disturbios que dieron por resultado el desplazamiento y muerte del gobernador interino don Francisco de Mendoza. Y no puede dudarse de que él fue uno de los jefes principales del golpe de Estado en 1549.

Cuando Domingo de Irala realizó su entrada al norte dejó en Asunción como lugarteniente al capitán don Francisco de Mendoza, hombre de su plena confianza, para gobernar en su ausencia. En vista de la prolongada ausencia del jefe expedicionario, le indujeron a convocar a elección con la insinuación de que se votaría por él. Mendoza, después de alguna vacilación, seducido por la idea de que él resultaría el agraciado por el voto del pueblo, accedió a la reunión de los conquistadores en comicio. Los pregoneros de los alcaldes y regidores, avisaron a los vecinos que al son de las campanas, debían reunirse en la iglesia para elegir gobernador de

[20] Dr. C. Báez, Historia colonial del Paraguay y del Río de la Plata; y Los comentarios, op. cit., p. 79.
[21] Carta de Ruy Díaz Melgarejo al Emperador Carlos V, Doc. Nº 2.

acuerdo con la cédula Real del 12 de setiembre de 1537. Congregáronse al toque de las campanas más de seiscientos conquistadores quienes, después de oír misa, juraron dar sus votos por la persona más digna. La votación, en efecto, en los primeros momentos le era propicia hasta que entró en la asamblea que se hacía en la iglesia, un tal Castillo *el Largo*, natural de Guadalcanal, y tomó el papel como para dar su voto y lo rompió. Naturalmente se armó una gresca, pero predominaron los adversarios de Irala. A pesar de la protesta de los iralistas se continuó la elección después de haberse expulsado de la reunión a Mendoza porque *"Ruy Dix Melgarexo dixo que no había de entrar en la elección por haber pedido al gouernador* –Alvar Núñez– *la espada cuando le prendieron"* y Hernando de Ribera manifestó públicamente que *"aunque Don Francisco de Mendoza tubiese botos no habia de mandar".* En efecto, los conjurados eligieron al capitán D. Diego de Abrego[22].

Dice la relación de lo que pasó en aquella reunión que *"ordenaron de hacer elección juntaronse Ruy Díaz Melgarejo, Martín Venzon como cabeças, con otros y publicamente armados binieron a la yglesia para matar al Don Francisco quando saliere de misa fue habisado no por eso dejo de salir quisieron executar su mala intención pertuvoselo un Capitan Diego de Abrego a quien ellos pretendieron elegir por Capitán y Gobernador"*.[23]

El desgraciado Mendoza quiso volver sobre sus fueros y se negó a entregar el poder a los revoltosos diciendo que él ejercía el cargo a nombre del legítimo y por designación del mismo. Fue apresado y el capitán Abrego le condenó a muerte. *"Cercaron la Casa de Don Francisco*, dice Lozano, *dando asalto con buen orden por todas partes, le entraron por fuerza y le prendieron con algunas personas...Siguióse brevemente la causa por vía de justicia y constando la notoriedad del hecho, fue sentenciado a degollar en público caldalso".* Ya en el patíbulo y con la intención de salvar la vida, propuso a Melgarejo y a Abrego un pacto familiar mediante el casamiento de ellos con sus señoritas hijas, interesantes criollitas. La proposición fue rechazada de malas maneras, según Guzmán, por los rebeldes quienes contestaron *"que lo que le convenía era componer su alma y disponerse para morir, dejándose de casamientos que de nada de eso era tiempo"*[24]. La ejecución fue llevada a cabo en la plaza de la ciudad frente de la casa de Abrego,

---

[22] Relación de los que pasó en el Río de la Plata después de la prisión de Cabeça de Vaca. Colección Garay.
[23] Relación de los que pasó en el Río de la Plata después de la prisión de Cabeça de Vaca. Colección Garay.
[24] Guzmán, op.cit.

con gran consternación de la población. *"Encomendóse a Dios con mucho fervor*, dice Lozano, *e inclinando la noble cerviz al cuchillo, se le segó de los hombros el verdugo, con llanto común de los presentes"*. Era una sangre ilustre que se derramaba en las arenas de la Capital de la Conquista y una cabeza que rodaba merced al furor de la revolución comunera. La víctima del holocausto no tenía otra culpa que la lealtad a un jefe a cuyo servicio estaba en la capital por más de que hubiese demostrado un momento de debilidad al ceder movido por el interés personal, a las sugestiones de los conspiradores, enemigos de su jefe y protector.

Cuando ocurrió la tragedia política en la Asunción, la expedición al Perú se hallaba de vuelta en San Fernando al mando del Capitán Gonzalo de Mendoza porque Irala había renunciado al cargo en vista del descontento de los oficiales reales. Mas, cuando se enteraron de lo ocurrido en la Asunción los mismos funcionarios se avinieron en devolver el poder a Domingo de Irala el 13 de marzo de 1549. Inmediatamente, Irala se embarcó con su gente rumbo a la Asunción. Una vez en la ciudad comunera restableció el orden en la anarquizada población a fuerza de persecuciones y encarcelamientos de los autores y directores del trágico suceso político. *"El domingo de Yrala* –dice la relación ya citada– *como llegó sagazmente templó la colera de la gente sintiendose el mas colerico para executar tubo medios como se rindieron de ay aciertos días prendió al Diego de Abrego y el Ruy Diaz Melgarejo que habían sido los principales de la muerte de Don Francisco teniendolos presos se soltaron fuéronse la tierra adentro con otros quince o veinte hombres"*[25]. Melgarejo fue prendido un tiempo después del suceso porque estuvo escondido por varios meses debajo del altar de una iglesia[26]. Y en el *Memorial de las cosas que han sucedido después que caveça de vaca fue traído de las Provincias del Río de la Plata*[27] se da cuenta de que *"E llegado que fue el dicho capitan de noche sobrela ciudad pensando que fuera resistido en son de guerra tocando una trompeta, el dicho diego de abrego se estuvo quedo en su casa, e otro dia fue al dicho capitan a Requerirle con su elicion como el estava elegido en aquella cibdad por capitan general de la tierra e que le obedeciese y el dicho domingo de Yrala le tomo e le prendio e tuvo preso e a Ruiz Diaz mergarejo que junto con el dicho diego de abrego venia e por no tener cabsa*

---

[25] Relación de los que pasó en el Río de la Plata después de la prisión de Cabeça de Vaca, Colección Garay.

[26] Dr. Ricardo Machaín, *Los conquistadores del Río de la Plata*; y Carta de Ruy Díaz Melgarejo al Emperador Carlos V, Doc. N° 2.

[27] Colección Garay, p. 276.

*para no detenerlo lo hizo soltadizo e hecho forma en como se avia
suelto..."*

Abrego consiguió escaparse de la prisión y se fue hacia San Vicente, pero Irala, personalmente, le persiguió y le tomó a veinte leguas de la Asunción.

Abrego y Melgarejo, considerados por Lozano como *leales al Rey*, poco después, en el mes de junio de 1549, lograron evadirse del encierro con la complicidad de Juan Cerrudo y Alonso Moreno, quien limó los grillos de ambos, y huyeron con ellos, a los bosques donde vivieron entre los salvajes como ya lo habían hecho repetidas veces[28] *"...estando prezos e a buen recaudo con sus prisiones en esta cibdad el capitan di° de abrego e Ruy diaz melgarejo por cientos delitos el dicho alonso moreno le soltó e dio ayuda e fabor para les ayudar asaltar eansi los dhos limaron las prisiones e quebrantaron la dha carcel a donde estaban..."[29]*. Abrego se escapó de la cárcel, dicen, porque *"le fatigavan con prisiones...siendo acompañado por el esforzado Capitán Ruy Melgarejo"[30]*. Melgarejo, amigo y correligionario del capitán Abrego, le acompañó en sus aventuras, pero luego volvió a la Asunción con autorización de los que mandaban.

El alguacil y promotor fiscal, Juan Ramírez Vancalero promovió una acusación criminal en contra de Cerrudo y Moreno por encubridores de la evasión de los presos, por insolentes y por vivir entre los infieles enemigos de la religión y de los españoles y porque cuando a prenderlos fueron *"los fue a alcanzar a treynta leguas de aquy los quales allo en una casa de yndios hechos fuertes e luego unio a la gente llego el dho alonso moreno se armo e puso su cuero e tomo sus armas para se defender ehecho mano a la espada e le saco de la vayna diziendo palabras muy afrentosas a los crystianos e tirandoles muchas estoçadas e diciendo que antes se abra de daxar matar que prender..."[31]*

Envueltos en estos sucesos y como unos de los partidarios distinguidos de los alvaristas que ahora eran abreguistas por ser el andaluz Abrego el cabeza principal de la oposición, estaban presos y sentenciados por Irala para ser ahorcados, los capitanes Alonso Riquelme de Guzmán y Francisco Ortíz de Vergara, hermano este último de Melgarejo; pero, se salvaron de la última pena casándose en 1552 con las hijas de Irala, Da. Ursula y Da. Marina, respec-

---

[28] Relación de los que pasó en el Río de la Plata después de la prisión de Cabeça de Vaca, Colección Garay.

[29] Juan Ramírez Vancalero, Doc. No 1.

[30] Carta de Antonio de Escalera el Emperador Carlos V, Colección Garay.

[31] Juan Ramírez Vancalero, Doc. No 1.

tivamente. Los casamientos no tuvieron la virtud de ablandar a los abreguistas; al contrario, fueron mirados con desprecio, como *"afrenta de la lealtad"* al decir de Lozano, y sirvieron para ahondar más la querella. Convertidos aquellos capitanes en yernos del Supremo parece que se pasaron al partido de éste o, por lo menos, se sosegaron y abandonaron a sus antiguos correligionarios.

Restablecido el orden en la Asunción, en la forma dicha, Irala partió a una nueva entrada en el Chaco en 1553 y dejó en su reemplazo, interinamente, al contador Felipe de Cáceres, quien, aprovechándose de su posición, o, según algunos partidarios de él, en cumplimiento de instrucciones dejadas por Irala, reinició las persecuciones porque tenía miedo de los adversarios, principalmente de Abrego y de Melgarejo: *"de ay a dias torno a ordenar otra entrada y descubrimiento el Domingo de Yrala y dejo por su lugar teniente al contador Felipe de Cazeres y despues de partido yendo por el Rio arriba los dichos Diego de Abrego y Ruy Diez Melgarejo con los demas de su parcialidad comenzaron de nuevo a querer intentar conforme como lo habían hecho con Don Francisco el Felipe de Cazeres supose dar maña y envío recado al Domingo de Yrala."*[32]

La persecución de Abrego Continuó implacablemente hasta que lo mataron: el contador Felipe de Cáceres, comandante interino y furioso enemigo personal del prófugo, *"mando dar su mandato para prender al capitan Diego de Abrego, el qual fue de tal manera...que si defendiese le mataren y al que le dio, que hera un su alguazil, llamado Antonio Martin Escaso, fue tal y tan piadoso que hallandolo una noche malo de los ojos, en un bosque, le dio una saetada por el corazon de que ynstante murio sin confision, ni sin llamar a Dios, sin poder hablar."*[33]

Y Juan Pavon que fue alguacil mayor de Blasco Núñez Vela, sirvió al Emperador con armas y caballos, peleó en Villalar y Pamplona, teniente de Juan de Ayolas y alcalde por Cabeza de Vaca, dice de los disturbios asunceños: *"Ubo mucha dibision en el pueblo...Alguna gente se fue con d'Abrego que andava huydo por miedo del dho Bergara; hubo escandalo en el pueblo...Hubo de bolber el dho Bergara con la gente de que andubo trás Diego de Abrego; ahorco tres ombres y a los que no pudo aver, tomoles sus açiendas y repartio las por sus amigos."*[34]

---

[32] Relación de los que pasó en el Río de la Plata después de la prisión de Cabeça de Vaca, Colección Garay.
[33] Carta de Antonio de Escalera el Emperador Carlos V, Colección Garay.
[34] Carta de Juan Pavón al Licenciado Agreda, fiscal del Consejo de Indias; Colección Garay.

Y ni con el asesinato de Abrego en las soledades de *Ybytyrusú* cesaron las persecuciones: los iralistas, más furiosos que nunca por las murmuraciones y protestas del pueblo que no aprobaba los actos de tiranías, reiniciaron las proscripciones de los adversarios infundiendo el terror en la incipiente Capital de la Conquista; apresaron en 1553 a varios alvaristas, a los principales caudillos, entre ellos a Melgarejo, intransigente y pertinaz, por haber andado reprobando publicamente el asesinato de Abrego[35]; le prendieron mientras estaba sentado a la puerta de su casa. *"Domingo de Yrala dexo mandando a felipe de caçeres por su teniente este recatandose de algunas personas que quedavan en la tierra especial del capitan Rui diez melgarejo natural de seuilla que era uno de los que mas se avian señalado de la parte del gouernador estando sentado a un puerta llego con mucha jente y le prendio y con unos grillos lo enbio tras el domingo de yrala..."*[36] Su lealtad a Abrego expresa gráficamente, diciendo en su carta al Rey: *"...apartandonos desta manera, al uno, quitándole la vida, y a mi de toda la conquista..."*[37]

Melgarejo, una vez más, puso en ejecución su alta cualidad de autodeterminación y de decisión: escapóse nuevamente de la prisión y quién sabe sino de la muerte. Guzmán, en su afán muy justificado de glorificar al abuelo, atribuyó la libertad del capitán a la benignidad de Irala[38]; pero, lo más verídico es que se escapó mediante su propio valor personal. Ocurrió, pues, que preso y engrillado Melgarejo, fue remitido así al campamento de Irala, situado a unas treinta leguas al Norte, en *Yeroqyhoba*[39]. Según Lozano, el mismo Irala, quien avisado de los sucesos de la Asunción, había vuelto precipitadamente, fue quien lo remitió a aquel campamento que había quedado a Cargo de Riquelme, quien *"le dio lugar para que se pasase al Brasil."* Lo cierto es que Ruy Díaz se escapó del paraje o puerto guaraní del Alto Paraguay denominado *Yeroqyhaba*[40]; Huyó con otros *"probes perseguidos"*[41] y un soldado llamado Flores[42] dirigiéndose hacia la costa del Brasil, probablemente cruzando el Guairá.

---

[35] Guzmán, Op.cit., Cap. XI, Primera Parte.

[36] Roberto Leviller, *Información de Francisco Ortiz de Vergara, correspondencia de los oficiales reales a los reyes*, Tomo I.

[37] Carta de Ruy Díaz Melgarejo al Emperador Carlos V, Doc. N° 2.

[38] Guzmán, Op.cit.

[39] *Yeroqyhaba* de *yeroqy*, baile, bailar y *haba* (aspirada la primera sílaba), lugar o sitio: Sitio donde se bailaba.

[40] Lafuente Machaín, Op.cit.

[41] Carta de Ruy Díaz Melgarejo al Emperador Carlos V, Doc. N° 2.

[42] Guzmán, Op.cit.

Irala, es cierto, volvió precipitadamente a la Asunción en 1554 sin haber terminado su entrada y persiguió a los abreguistas con violencia y crueldad. Para que las proscripciones tuvieran su forma trágica y pudieran infundir terror suficiente como para anonadar espiritualmente a los adversarios, ahorcó a varios: *"...y ellos huyendo por los montes tomaron tres y luego los ahorcaron el vno sevastian valdivieso y el otro francisco bravo natural de madrid y el otro bernave muñoz natural de jijon"*[43] Pacificada nuevamente la Asunción por el terror, Irala reemprendió su entrada al Norte en el mismo año de 1554.

Mientras tanto, el capitán Melgarejo se dirigía en busca de la costa del Atlántico. Pensando en la distancia entre el río Paraguay y las costas atlánticas donde llegó, en los ríos, las montañas y los bosques impenetrables que iría cruzando para llegar a la tierra de los tupíes, a pie, la figura legendaria del Capitán se agiganta y se admira más y más su temple de acero. *"Paso este destierro y peregrinaje y después de muchos trabajos, peligro, anbre y desnudez, y muchas bezes avernos presos y a mi sacado de la yglesia en que a mi desterraron puesto en unos grillos, el rrio arriba y al pobre capitan en un bosque durmiendo, con un arpón mataron..."*[44]

Al abandonar, prófugo, las tierras ribereñas del río Paraguay, rumbo a San Vicente, su corazón se amargó y su espíritu se abatió por la interrupción que le parecía definitiva de su conquista, corazón ya rellenado de hiel por el asesinato de su jefe y compañero Abrego por el verdugo Escaso, en las profundidades de las selvas de *Ybytyrusú*. Así bajo el dominio del más hondo pesimismo, iría atravesando distancias, exponiendo su vida a las celadas de los salvajes, hasta llegar a la costa del Atlántico, con intención de tomar la primera embarcación que se le presentase, para ir a España y exponer al Rey sus dolores y quebrantos, por las persecusiones y martirios de sus *"probes amigos"* de parte de los que, dueños de la Capital de la Conquista, imponían su capricho y su poder a sangre y fuego so pretesto de que eran *motineros* los que no se sometían a sus *motines* y atropellos. El párrafo de su carta al Rey, ya trascrito, que dice *"al probe capitan en un bosque durmiendo con un arpón mataron; apartandonos desta manera al uno quitandole la vida y a mi de toda la conquista,"* de la conquista que era su razón de existencia, refleja su dolor y su estado de ánimo por aquella situación catastrófica del momento, contradictoria al instinto creador que llevaba a en sí como una poderosa fuerza inconsciente guiadora.

---

[43] Roberto Leviller, Op.cit.
[44] Carta de Ruy Díaz Melgarejo al Emperador Carlos V, Doc. N° 2.

Después de atravesar pueblos de los guaraníes del oriente para-naense, realizando proezas singulares, cuando estaban en un pue-blo de naturales, una noche cayeron sobre ellos y *"la casa quema-ron y a todos flecharon y a uno luego mataron, y en contenente pedazos le yzieron, y asado y cozido le comieron."*[45] Según Guz-mán, los tupíes les tomaron y *"atandoles con fuertes cordeles, los tuvieron tres o cuatro días y al cabo de ellos mataron a Flores y se lo comieron con grandes fiestas, diciendo a Melgarejo que el día siguiente con él harían otro tanto."*[46] La situación personal del ca-pitán no habrá sido tan deliciosa en aquella ocasión en los fondos de las enmarañadas selvas; pero, él era hombre de ingenio para sa-lirse de semejante trance. Tal es así que consiguió librarse de la prisión y de la probable consecuencia anunciádale, según Guzmán, mediante la intervención de una india enamorada de él, a la que convirtió en instrumento de su libertad, como más tarde lo hizo Hernandarias en la Patagonia. Lo del banquete de los indios con la carne del soldado Flores puede ser muy bien una exageración del mismo Capitán, único testigo de sí mismo, para aumentar lo fantás-tico de su aventura en aquella ocasión y en aquellos lugares o una inducción del destino del soldado muerto por los tupíes; pero, sea cual fuere lo ocurrido, no es menos digno de ser contado el drama por estar muy en consonancia con el escenario y los actores de a-quella época heroica de la historia americana. *"Y así me puse en camino de buelta de sant biçente, dice el mismo, puerto de por-tugueses con otros probes perseguidos que conmigo se juntaron, y quando espere pasar entre los yndios, como estaban lastimados de quien los avía robado, una noche dieron sobre nosotros en su mes-ma casa, y la casa quemaron y todos flecharon y a uno luego ma-taron y en continente pedazos le yzieron, y asado y cozido le co-mieron."*[47]

Una vez libre, siguió su viaje pero sin la asistencia del fiel soldado que le acompañara desde *Yeroqyhaba*. En San Vicente se encontró con las gentes de la expedición de Sanabria, detenidas por las au-toridades portuguesas. Entre ellas estaban Da. Isabel de Contreras, viuda del capitán Becerra, y sus dos hijas, gallardas mozas que ve-nían a incorporarse a la gloriosa legión de conquistadores de Amé-rica, Da. Elvira de Carvajal y Da. Isabel de Contreras o Becerra. El amor le endredó entre sus redes y allí, en la costa del Atlántico, fue protagonista de un dulce romance. La mutación operada en su vida fue grande: de aquel drama que casi se convirtió en tragedia en las profundidades de las silenciosas y milenarias selvas, cuyo seno le

---

[45] Carta de Ruy Díaz Melgarejo al Emperador Carlos V, Doc. N° 2.
[46] Guzmán, Op.cit.
[47] Carta de Ruy Díaz Melgarejo al Emperador Carlos V, Doc. N° 2.

hubiera tragado para pasar al dominio del olvido y sustraídole de los fastos de la Historia, paso a vivir un dulce idilio en el que no faltarían, seguramente, la gracia andaluza y las atenciones cortesanas. A poco el fiero conquistador, ablandado por el fuego de los ojos de Da. Elvira, se rindió a sus pies y la hizo esposa suya. Casi simultáneamente, don Juan de Salazar de Espinosa se caso también con la viuda de Becerra, haciéndose padrastro de Ruy Díaz, y, un tiempo después, la otra dama, Da. Isabel, se unió con don Juan de Garay, más tarde el célebre fundador de Santa Fé y Buenos Aires como prueba la carta de aquélla al Rey, cuya parte pertinente dice: "*Y por lo que devo a cristiano suplico a Vuestra magestad se sirva estar advertido de que el general Juan de Garay mi marido pobló esta ciudad de Santa Fe antes que viniere a esta prov^a el adelantado joan ortiz de çarate y della le favorese ese cambio y llevo socorros hasta la mar y puerto de san salvador donde asi mismo fue favorescido y socorrido del general Ruy Diaz melgarejo mi cuñado.*"[48]

Nuestro héroe residió mucho tiempo en aquellas costas sin poder embarcarse para España, como lo deseaba para dar cuenta al Rey "*de los ynsultos, robos, omicidios, alteraciones y desenciones desta prouincia...acosta de los probes yndios que es muy cierto faltan desde entonces más de cinquema mil...*"[49], por no permitirle los portugueses hasta que volvió a la Asunción, sea llamado por Irala, quien a la vuelta a esta ciudad y no encontrándolo, "*lo sintió bastante y asi lo escribio una carta de mucha amistad y le envio socorro de ropa y rescate para el camino, la misma espada, de su cinto*" como cuenta Guzmán[50], o por su propia iniciativa. El Capitán dice en su carta, al Rey: "*...Visto que los portugueses no me dexaron embarcar ubeme a esta ciudad de tornar donde alle ya legitimo gouernador al que de todo fue causador y ansy luego le obedeci y como a echura de V. M. le se servi...*"[51]

En esta carta, Melgarejo no menciona que haya vuelto a la Asunción a instancia amistosa de Irala como dice el nieto; en cambio, formula en contra del prepotente señor de la conquista, serios cargos, de ser él el causante de todos los males ocurridos en la Capital, cosa que no hubiera hecho, por un poco de sentimiento de gratitud al bienhechor. Melgarejo volvió atraído por su destino, la conquista que aún debía realizar y cuya interrupción a causa de su destierro, lamentó profundamente. Cuando estuvo en Asunción fue

---

[48] Carta de 1608 de Isabel Becerra y Mendoza al rey, Anales de la Biblioteca de Groussac, Tomo X, p. 244
[49] Carta de Ruy Díaz Melgarejo al Emperador Carlos V, Doc. N° 2.
[50] Guzmán, Op.cit.
[51] Carta de Ruy Díaz Melgarejo al Emperador Carlos V, Doc. N° 2.

bien recibido por Irala a quien se sometió obedeciendo a su su conciencia como al legítimo representante del emperador con lo que dió prueba de su lealtad al soberano, de sus ideas legalistas y de que no era un anarquista y desasosegado como le consideraban sus enemigos, sino defensor de la libertad, y de la justicia, sentimientos encarnados en su espíritu de español del siglo XVI.

Enfrentamiento con indios

Grabado en la obra original de U. Schmidl, ya citada.

"*Ya que nosotros no quisimos hacer tal cosa, tomaron ellos sus arcos y nos recibieron y nos dieron la bienvenida. Aun así nosotros no quisimos hacerles nada; al contrario les hicimos requerir por un lengua en tres veces y quisimos ser sus amigos pero no quisieron atenerse a ello. A esto ellos aun no habían probado nuestras armas. Pero cuando estuvimos cerca de ellos, hicimos estallar entonces nuestros arcabuces. Cuando ellos oyeron nuestras armas y vieron que su gente caía al suelo y no veía ni bola ni flecha alguna salvo un agujero en el cuerpo, entonces no pudieron permanecer más y huyeron de ahí y se cayeron los unos sobre los otros como los perros y se fueron a su pueblo.*"

LAS CREACIONES

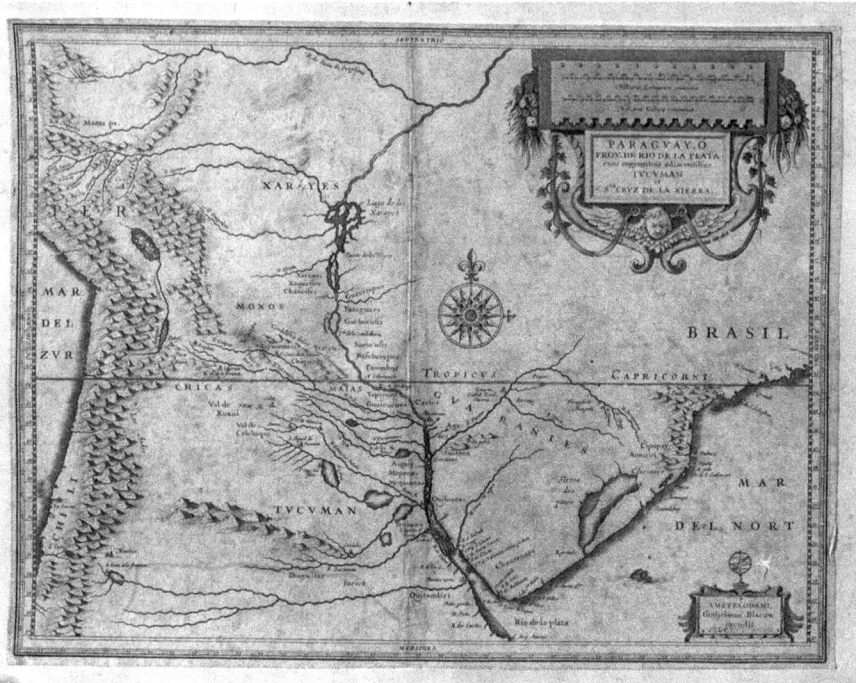

Paraguay, o la provincia del Río de la Plata con las regiones adyacentes de Tucumán y Santa Cruz de la Sierra

Willhem Blaeu, 1616.

Las creaciones

El Capitán retornó, pues, a la Asunción con la aquiescencia del gobernador Irala que reconocía el valor y la necesaria colaboración de él y quien, seguramente, encontraría en la personalidad de este altivo andaluz, armonía psíquica con la suya propia, lo que produciría atracciones recíprocas entre ambos personajes a pesar de sus divergencias políticas.

Vino en compañía de Salazar de Espinosa, el fundador de la Casa Fuerte de Nuestra Señora Santa María de la Asunción y los Göetz, introductores del primer plantel de hacienda vacuna; así como también de su esposa Da. Elvira y probablemente de algunos de sus hijos nacidos en aquellas costas.

En este viaje de 1555, volvió a cruzar el territorio paranaense, desde el Atlántico hasta Ontiveros (la primera vez fue con Alvar Núñez en 1542) y pudo conocer mejor aquellas prodigiosas tierras llamadas a ser escenario de sus singulares hazañas de conquistador, fundador y colonizador, y, también, en aquella ocasión habría recogido o vuelto a recoger de los labios de los pacíficos *ybyrayaras* la versión rutilante de la existencia de las ricas minas de oro y plata de *Cuaracyberá* y contemplado, entusiasmado, nuevamente, los pedazos de piedras con incrustaciones amarillas que le presentarían los naturales, a la vista de los cuales se llenaría la mente de doradas ilusiones.[52]

Después del reparto de tierras en el Guairá, por orden de Irala, en ocasión de la fundación de la Villa de Ontiveros por el capitán García Rodríguez en 1554 con los elementos adversos a su gobierno, tanto en la Asunción como en el Paraná, muchos quedaron descontentos por no haber recibido merced y quienes atribuyeron su postergación a la mala voluntad del Gobernador por ser ellos antiguos adversarios suyos. Para contentarlos y, parece más aún,

---

[52] Guzmán, Op.cit.

para sacarse de encima a ellos inquietos y molestos elementos embarulladores, Irala dispuso la fundación de otra población en el camino de Santa Catalina a donde enviarlos; así, también, daba cumplimiento al plan de escalonar poblaciones por aquellas rutas por donde se transitaba en la comunicación de Asunción con el mar.

Para la realización de este nuevo plan de colonización nadie mejor que el conquistador Melgarejo, jefe principal de los elementos indeseables para Irala. El Capitán aceptó la comisión y salió de la Asunción con los que deseaban arriesgar la suerte y con ellos, la mayoría amigos suyos, y los pobladores sobrevivientes que aún habían permanecido en el lugar de la Villa de Ontiveros que estaba desapareciendo, echó los cimientos de la Ciudad Real en 1556 en la desembocadura del *Piqyry* en el Paraná.[53] El capitán Melgarejo, conocedor de aquellos lugares por haberlos cruzado ya repetidas veces, y con su condición de mando apropiada para la circunstancia del momento, era el hombre capacitado para la empresa y para acaudillar a aquellos inquietos y turbulentos conquistadores entre los cuales había de distintas nacionalidades. Mandó levantar un templo, la casa para habitación de las autoridades, distribuyó la tierra de acuerdo con las instrucciones de Irala e instituyó el cabildo. Ciudad Real se convirtió en centro de la colonización de aquellas apartadas zonas hasta la fundación de Villa Rica catorce años después.

El Capitán da cuenta del suceso en su carta al Rey diciendo: *"El gouernador me mando, dice, que con ciertos mis amigos a poblar fuere a un asiento que llaman Guaira, junto al rrio que llaman el Parana, lavuelta del Piquiri: yo lo acete por parecerme que servía muy mucho a V. M.; y que mis amigos que son los probres que siempre a V. M. lealmente an servido, les sacaba del captiberio y de debaxo de la lanza de quien a tantos años que nos la tiene puesta a los pechos; porque asta en el repartimiento que hizo desta tierra a ninguno dellos yndio dio..."[54]* Así es que, al ir a poblar las tierras del Guairá, le guiaba a más de la visión de la riqueza de las *piedras ricas*, el sentimiento de solidaridad con sus compañeros de infortunios, de aquellos sus *probes amigos* a quienes quería sacarlos de la tiranía de Irala, cuyo mal proceder en el reparto de tierras

[53] Ramón I. Cardozo, *El Guairá*.
[54] Carta de Ruy Díaz Melgarejo al Emperador Carlos V, Doc. N° 2.

entre los colonos, denunció al Emperador en su misma carta de 1561, manifestando al soberano que en el reparto de tierras no a-signó a los colonos los indios necesarios para la explotación de las mercedes como es de práctica conforme a leyes de la materia.

En consecuencia, pidió, a nombre de los pobladores de Ciudad Real, a su Magestad, la entrega de encomiendas *"con que vivir para descansar de los trabajos y de modo que nadie les pueda quitar."*[55]

El fundador se quedó siete años consecutivos como comandante de la nueva población.

En 1558, en un consejo formado por el gobernador Ortiz de Vergara, los contadores Dorantes y Cáceres y el obispo de la Torre, se resolvió, en la Asunción, poblar en la vía de San Vicente para la comunicación con la madre patria en vista de la situación desesperante de los conquistadores por el completo aislamiento de la colonia, pues, hacían años que no llegaba más nave alguna de España ni tampoco iba ninguna por cuya causa los pobladores estaban excesivamente pobres y desnudos. Para el efecto, se dió la comisión al regidor Pedro de Aguilera para hacer la fundación y se ordenó al comandante de Ciudad Real, el Capitán Melgarejo, para que le escoltara. Mas, esta misión de Aguilera fracasó porque fueron muertos él y varios compañeros, por los tupíes, antes de que hubiesen podido ser socorridos.

En 1561 se levantaron contra él los naturales quienes le tuvieron sitiado en Ciudad Real poniéndole en verdaderos aprietos, de los cuales no se hubiera salvado a no ser el socorro que, a su pedido, le envió su hermano, el gobernador don Francisco Ortiz de Vergara. Un día, este Gobernador recibió a un cacique amigo enviado por Melgarejo. El emisario indígena manifestó al jefe de la Provincia: *"Yo soy de la provincia del Guairá, de donde vengo enviado de tu hermano el capitan Ruy Díaz por ser yo de su confianza, a decirte que le socorras con jente española contra los indios de aquella tierra que se han rebelado contra él, y le tienen en grande aprieto, y para poder llegar a tu presencia, me ha sido preciso venir con disimulo por estos pueblos rebeldes y gentes de guerra, haciendome uno de ellos, con cuya astucia con no pequeña suerte mía he*

---

[55] Carta de Ruy Díaz Melgarejo al Emperador Carlos V, Doc. N° 2.

podido llegar hasta aqui. El Gobernador oída su relación, le respondió que no podía darle crédito, si no le manifestaba carta de su hermano: a esto respondió no venir sin ella, por lo que se satisfaría largamente. Cosa que admiró a todos por verle desnudo, y sin tener donde pudiese esconderla. El entretanto alargó la mano y entregó el arco que traía en ella al Gobernador, diciéndole: aquí hallarás lo que digo. Creció la admiración de los circunstantes, viendo que en el arco no se hallaba escrito nada, no había seña de tal carta, hasta que se llegó el indio, y tomando el arco cerca de la empuñadura, descubrió un ajuste o encaje postizo, en que venía escrita la carta."[56]

En consecuencia, el Gobernador envió a Alonso Riquelme de Guzmán con fuerza suficiente para socorrer al comandante del Guairá; enconmendó la misión a Melgarejo *"a pesar de qué hacia tiempo que estaban en quiebra"*, dice Lozano (Tomo III). Los rebeldes fueron dispersados[57].

El problema de la comunicación con España seguía sin solución: se resolvió buscarla por el Perú y que el mismo Gobernador dirigiría la expedición; mas, Vergara cayó enfermo y se designó al conquistador del Guairá, el hombre experimentado en este género de empresas, para dirigirla, fijándose eldía, 11 de noviembre, *"día de San Martín"*, de 1562 como fecha de partida. Esta salida fue aplazada por la noticia halagüeña de la fundación de Santa Cruz de la Sierra por Nuño de Chaves, pero, apesar de la ruta hallada, Vergara resolvió enviar a Melgarejo a España por agua; para el efecto, ordenó la construcción de una carabela en los astilleros de la Asunción.

Melgarejo, llamado por el Gobernador para confiarle la misión de ir a la península en calidad de Procurador de la Provincia e informar a la corte del estado de las cosas de ella, dejó el Guairá en 1563 y se vino a la Asunción *"con toda su casa, mujer e hijos."*[58]

Pero los acontecimientos de la vida de los pueblos dependen de cosas, al parecer insignificantes, para suceder o dejar de suceder y

[56] Guzmán, Op.cit., Cap. IX, Lib. I
[57] Probanza fecha en la villa de Spiritu Santo del descubrimiento de las minas D yerro y trauajo e industria del capitán Rrui Diaz; Doc. N° 12.
[58] Guzmán, Op.cit., Cap. XV; y Probanza fecha en la villa de Spiritu Santo del descubrimiento de las minas D yerro y trauajo e industria del capitán Rrui Diaz; Doc. N° 12.

seguir la trayectoria señalada de modo inalterable, aunque casi siempre oculta tras el velo del misterio. Así, también, pasa en la vida de los hombres cuyo destino está predestinado: acontecimientos accidentales parecen desviarles de la realización de sus ideas, proyectos y hasta de determinaciones, pero, también, una mano misteriosa les va limpiando el camino y dejándoles libre de obstáculos, para volvera salir en la ruta marcádale por su destino. Para que Ruy Díaz Melgarejo fuera el fundador dela Villa Rica del Espíritu Santo, una serie de acontecimientos de su vida pública y privada le iban impidiendo irse a España cada vez que se le daba esa comisión, como ocurrió en esta vez: primero, la carabela en la que tenía que viajar rumbo a España y que por orden de Ortiz de Vergara se estaba construyendo en los astilleros de la Asunción, se hallaba inconclusa y, segundo, la expedición de urgencia, sometedora de lo naturales sublevados en las regiones del Paraná, que le encomendó su hermano el Gobernador, como capitán experimentado y temido por los naturales –su solo nombre infundía terror dicen los cronistas de la época– interín se terminaba la embarcación.[59]

Allá se fue mientras que los carpinteros de ribera terminasen la carabela en el astillero, la calafateasen, la cubriesen con brea, los cordeleros torciesen las fibras de *caraguatá* y de *güembé* para las jarcias y el río Paraguay volviese a su cauce, allá se fue dejando en la incipiente ciudad de la Asunción a su mujer y a sus hijos, al cuidado de la comuna; quedaba ella, Da. Elvira quien había tenido la virtud de ablandar su corazón de fierro, preparada para ser víctima del medio y de la fatalidad que en las noches Coloniales tejía su destino con hilo sutil.

---

[59] Guzmán, Op.cit.

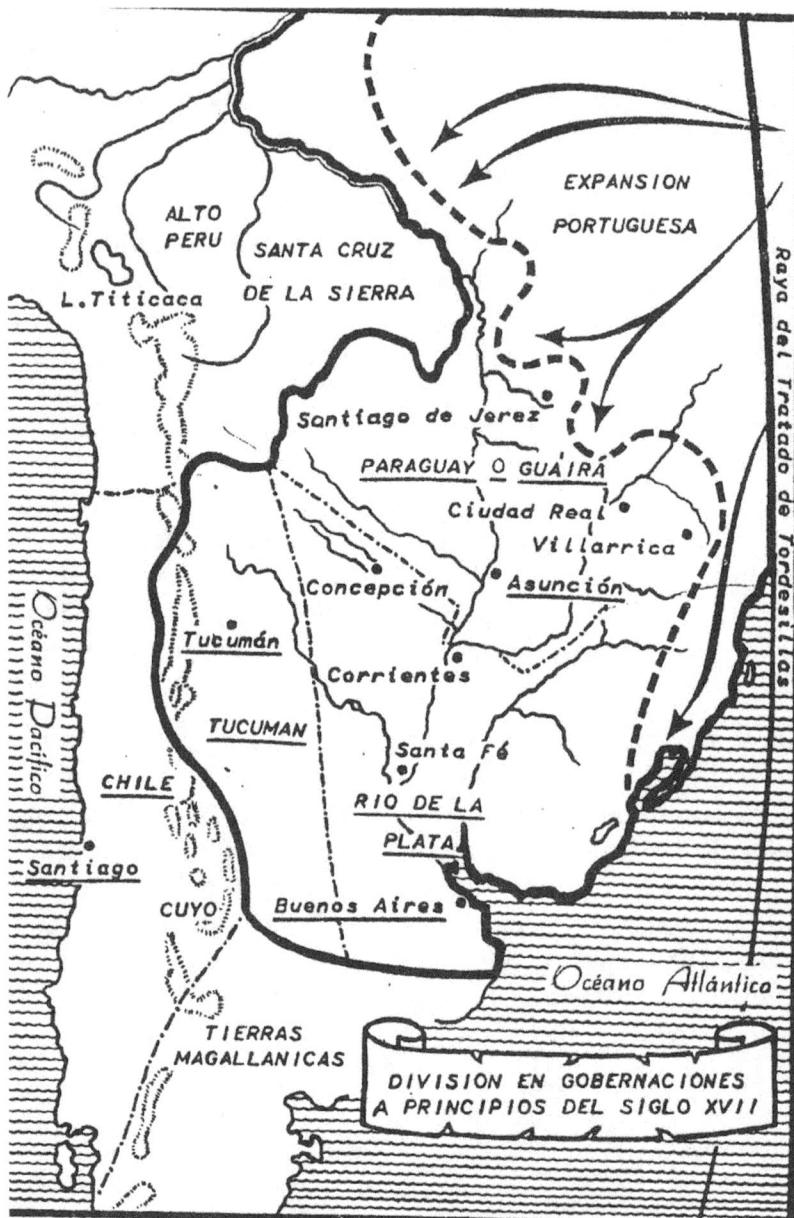

La geografía de Melgarejo[60]

[60] Victor Natalicio Vasconcellos, *Lecciones de historia paraguaya*, Asunción, 1970, p. 69. Este mapa, que no estaba en el original del Prof. Cardozo, sirve para ubicar los emplazamientos originales de Ciudad Real y Villa Rica del Espíritu Santo.

UN PARÉNTESIS TRÁGICO

A la vuelta de aquella expedición al servicio del Rey y de la estabilidad de los dominios españoles, que dio por resultado la pacificación de los naturales y la imposición de la autoridad en las lejanas zonas, una honda tragedia le envolvió convirtiéndole en actor principal como a un nuevo Otelo de la tierra guaraní: informado de la infidelidad de su mujer Da. Elvira en su ausencia, mató en 1564, en salvanguarda de su honor de marido burlado, a ella y al clérigo Juan Fernández Carrillo. El suceso ocurrió en la Asunción. Según se murmuraba en público, el P. Carrillo tenía intimidades muy sospechosas con Da. Elvira; durante la ausencia del Capitán él entraba y salía de la casa de ella en horas de la noche. Las relaciones ya eran públicas y notorias en 1a incipiente población colonial, desde Ciudad Real: del escándalo objeto de habladurías que agrandarían las cosas, las revestirán con los colores peores, como para irritar a cualquier marido, como siempre ocurre, y mucho más a uno de las condiciones de Ruy Díaz. Las personas sensatas reprendieron al P. Carrillo y le avisaron para que se guardara del capitán Melgarejo porque le mataría, pero el dicho padre *"dixo q' quería mucho a la dha doña elvira, que no podía apartarse de ella."*[61]

A raíz de este doble crimen, el Capitán huyó, excomulgado por el sacrilegio, hacia el Brasil por caminos ya muy conocidos y familiares para él; huyó *"por temor dla just^a Real y a quyen dizen aver yncurrido en el crimen"*[62], tronchando nuevamente así su carrera: pero ello no era sino una desviación incidental de la ruta marcádale por el destino.

Los hijos, todos menores de edad, quedaron desamparados en la Asunción; entonces el procurador Gaspar de Ortigosa pidió en 1566 que se nombrase un tutor y curador de esos menores hijos del capitán Melgarejo quien *"al presente está ausente por temor a la just^a Real"*, para defender los derechos de ellos, como en efecto se hizo siendo el mismo Ortigosa el nombrado.[63] En marzo del mismo año, el mencionado Ortigosa, en su carácter ya de tutor de los menores, pidió al alcalde Gregorio Portillo, se le diera una copia del poder otorgado a Alonso Riquelme de Guzmán por el teniente go-

---

[61] Guzmán, Op.cit.; y el Doc. N° 5 del Apéndice.
[62] Presentación de Gaspar de Ortigoza; Doc. N° 3.
[63] Presentación de Gaspar de Ortigoza; Doc. N° 3.

bernador Juan de Ortega, para ejercer la gobernación del Guairá, para presentarse ante el Rey y su Consejo a reclamar los derechos de los menores como hijos del fundador de la Ciudad Real. La solicitud fue denegada porque no había comunicación con España y el Perú en los siguientes términos: "*...E despues de lo susodicho martes veynte e Seis dias del dho mes año el dho Sor. tenyente de gouer or auiendo visto el dho pedymyto y a el respondiendo dixo q. al prese segun el estado en q' estan estas provincias y q' ny pa. los Reynos despaña ni pa. Los Reynos delperu ny otra parte alg^a no ay navegacion por mar ny por tierra claramente parece el poder q' pide no ser nescesario, aunque a los dichos menores los Competiese.*"[64]

---

[64] Ortigoza solicita traslado de poder; Doc. N° 4.

SE REANUDAN LAS CREACIONES

El eclipse fue momentáneo: el hombre estaba predestinado aún a escribir una página brillante de la historia de la conquista. En vano la Tragedia se ensañaba en él; tenía que volver al Guairá a reanudar su misión hasta terminarla. En efecto, en 1569 los pobladores de Ciudad Real se levantaron en contra del capitán Riquelme y, como único recurso para la sofocación de la sublevación, el gobernador interino de la provincia, Ortega, le llamó del exilio. Melgarejo, previa absolución de la excomunión que pesaba sobre él por el Provisor General del Obispado, el P. Francisco González Paniagua, partidario entusiasta de Vergara, volvió a la Asunción, indudablemente con el ampo de la terrible celebridad de hombre temible en aumento cada vez más, a reanudar su carrera histórica después de cinco años de interrupción por el hado fatal. Ortega le dio la comisión de acudir al socorro del comandante del Guairá. Una vez en el Guairá, se adueñó de la situación: dispersó a los rebeldes y, en vez de corresponder a Riquelme aquel auxilio que le prestara en 1561 cuando le salvó asedio de los indios, por la antigua rivalidad, hizo uso de su inmenso prestigio personal con el que seducía a los demás, favoreció a los descontentos y atrajo a su causa a los viejos conquistadores guaireños que servían hasta entonces a las órdenes de Riquelme, le suplantó con hábil política y se hizo proclamar por la misma tropa jefe del Guairá en sustitución de aquél. Esto fue en 1569.

Aquí llama la atención la mutación operada en las relaciones personales entre los dos conquistadores del Guairá. Ambos actuaron con ardor en el mismo partido político en la Asunción como alvaristas y combatieron juntos tenazmente, tanto a Irala como a los oficiales reales causantes de la deposición del Adelantado; ambos fueron caudillos en el motín de 1549 y perseguidos por Irala hasta que huyentes Melgarejo y Abrego por los bosques, Irala atrajo a su causa o, por lo menos, los neutralizó en sus condiciones de yernos, a Riquelme y a Ortiz de Vergara, hermano éste del mismo Melgarejo, en 1552. Parecería que esto fuera la causa de la enemistad entre ambos, Melgarejo y Riquelme: la defección de éste de las filas opositoras. Mas, ya después de nueve años, en 1561, como hemos visto, Riquelme le socorrió por orden del gobernador Vergara en el apurado trance de la sublevación de los naturales en Ciudad Real sin que se trasluciera enemistad alguna. Se dirá que en aquella ocasión Melgarejo estaba en posesión del poder y que Riquelme no hacía otra cosa que cumplir una comisión oficial dádale por la autoridad de la provincia. La suplantación de Riquelme que dejamos expuesta ahora ocurrió en 1569, es decir, 17 años después de aquel casamiento, tiempo suficiente, muy largo por cierto, para que se hubiese desvanecido la odiosidad que hiciera nacer aquella debilidad de Riquelme, muy humano, de elegir entre la horca y la mano de la hija del prepotente señor a ésta para salvar la vida.

Desde 1569 Melgarejo quedó comandando como señor absoluto, como verdadero feudal, por varios años, la provincia del Guairá; en aquel período fundó la Ciudad de Villa Rica del Espíritu Santo en el paraje de *Cuaracyberá* que con su rutilante espejismo le llenaba la imaginación con la idea de *El Dorado*.[65] En esta oportunidad reveló, una vez más, sus cualidades singulares para realizar hazañas no común en los hombres, pues, al lanzarse, sin esperar orden ni apremio de superior alguno, con un puñado de hombres, a través de montañas abruptas y selvas tupidas, abriendo una picada de cuarenta leguas, sin más brújula orientadora que su instinto y la guía de los naturales insinuantes, para llegar a las tierras de los buenos y hospitalarios *ybyrayaras,* ya amigos de los castellanos e iluminados, aunque débilmente aún, por la luz del evangelio por los padres franciscanos acompañantes del capitán Trejo, donde sabía, por los ejemplares obtenidos, que existía el ambicionado metal rubio, tuvo que vencer con su férrea voluntad, todo género de obstáculos y poner a prueba su personalidad proyectiva, repitiendo la hazaña de Balboa en 1513 en El Darién.

Y aquí está, precisamente, una de las condiciones de héroe que le caracterizaban, porque, como dice Stefan Zweig en su libro *Magallanes*: *"solamente la suma de todas las resistencias vencidas es la que da la medida exacta de la hazaña y del hombre que la realiza"*. *"A uenido a mí noticia, dice el Capitán, que cierto metal que de aquella prouincia fue lleuado al peru tenia mucho oro y era cosa mui Rica,...con deseo de Seruir a dios nuestro señor y a su magestad,...visto por mi la gran necesidad...**acorde de hazer e fundar junto d ellas un pueblo**...me determine de yr en persona a hazer y fundar un Pueblo junto a ellas –las minas– e por no auer camino Para lo yr a poner por obra ser tierra muy fragosa y montuosa para Poder lleuar gente cauallo municiones y otras cosas hize Romper vn bosque de hasta quarenta leguas..."*[66] Esta *noticia* del Capitán esta aseverada por el licenciado Castro quien escribió desde Lima al Consejo de Indias el 26 de febrero de 1566 que *"el gouernador y el obispo* –el gobernador Ortiz de Vergara y el obispo de la Torre– *truxeron ciertos metales y que los ynbian a fundir*

---

[65] Ramón I. Cardozo, *El Guairá*.
[66] Probanza de los servicios de Melgarejo hecha en Asunción en 1573, Doc. N° 7

a Potosí y que salieron a dos marcos de plata..." Además, consta que el Adelantado Ortiz de Zárate llevó a la Corte piedras del Guairá como elemento de prueba de la existencia de la plata en la provincia.

Como hemos dicho en nuestro libro *El Guairá*, Melgarejo salió de Ciudad Real en febrero de 1570 con cuarenta hombres y cincuenta y tres caballos, y después de un penoso viaje a través de bosques y a sesenta leguas al este del punto de partida, echó los cimientos de la nueva población, el primer día de Pascua del Espíritu Santo del mismo año, en mayo más o menos. Hizo edificar una iglesia, levantar al lado una cruz y una fortaleza para refugio y defensa de las gentes; repartió solares para casas y chacras; nombró a Luis Osorio como alcalde y dotó a la población de una guarnición de veinte y cuatro arcabuceros.

El nombre de la población fundada en el campo de *Cuaracyberá* es simbólico; significaba la realización de un sueño de los conquistadores, el hallazgo de la necesaria riqueza de la tierra. Cuando Bartolomé Díaz informó a su rey que había llamado *Cabo de las Tormentas* a la punta meridional del Africa que acababa de descubrir, D. Juan II lo rebautizó con la denominación de *Cabo de Buena Esperanza*, porque señalaba el rumbo de las ricas tierras de las especias de las que dependía el porvenir colonial del reino. Así, Villa Rica del Espíritu Santo significaba el lugar que guardaba el porvenir colonial del Río de la Plata. Tierra prodigiosa y risueña, relumbraba a la luz del Trópico, probando con sus destellos, la riqueza aurífera que su seno encerraba, o, por lo menos, hacía nacer en la mente bellas ilusiones y en el corazón de los pobres conquistadores la esperanza de futuro descanso. Lástima es que el empuje conquistador de este andaluz no fue secundado ni por el soberano metropolitano ni por los gobernantes asunceños pues así, la corriente colonizadora hubiera llegado a las costas atlánticas y asegurado el imperio español en esa vasta y opulenta región que conservaría el Paraguay.

Con la fundación de la Villa Rica del Espíritu Santo en el campo de *Cuaracyberá* y con la conversión de esta ciudad guaireña en la capital de la conquista del oriente paranaense, el capitán Melgarejo llegó a la cumbre de su destino, al período cimero de su vida de conquistador y fundador. En vano los acontecimientos habían querido desviarle de estas realizaciones, de esta ascensión; descartando obstáculos y substrayéndose a los accidentes de la vida, llegó a realizar su destino. Esta vez permaneció en el gobierno del Guairá otros cinco años de intensa actividad en bien de la colonia; fomentó la producción, la ganadería y la extracción de la cera de los bosques, la que llegó a constituir las industrias principales de la localidad. Mas, ocurrieron en la Asunción hechos de importancia que volvieron a desviarle nuevamente de su feudo.

Cuando Chaves abrió el rumbo peruano para la comunicación con España por la vía del Istmo de Panamá, el contador Dorantes se dirigió con una expedición hacia el norte para explorarlo, pero tuvo que retroceder por la excesiva creciente del río Paraguay. Luego que llegó a la Asunción el fundador de Santa Cruz de la Sierra, en febrero de 1564 en busca de la familia, el gobernador Ortiz de Vergara se decidió a ir al Perú para informar al Virrey de las cosas de la provincia y obtener su confirmación en el gobierno: salió de la Asunción el 8 de diciembre del mismo año, acompañado por el obispo y numerosas personalidades de la ciudad; aquello fue más bien un éxodo que una expedición. El resultado de aquel desatinado viaje fue un desastre para el gobernador quien fue maltratado por los oficiales reales y el mismo Chaves, y, al último, destituído y reemplazado por Juan Ortiz de Zárate, rico hacendado de aquellas tierras, en calidad de Adelantado de la Provincia del Río de la Plata o Nueva Vizcaya. Según Ruy Díaz Melgarejo, Zárate aceptó el gobierno de Nueva Vizcaya alentado por la idea de la explotación de las minas del Guairá, cuyas muestras llevadas al Perú, analizadas por los fundidores de Potosí, habían dado resultado halagador, pues, se ha *"hallado ser cosa mui Rica por el oro que tenía"*. Zárate encomendó el gobierno del Paraguay, en carácter de lugarteniente, a Felipe de Cáceres, enemigo personal de Vergara y, por lo tanto, de Melgarejo, uno de los principales que contribuyeron a la separación de aquél y personaje que se hizo célebre, desde luego, en el período anárquico de la ciudad comunera. Claro, no se podía esperar buenas proyecciones sobre el conquistador del Guairá este nombramiento; como primera providencia, decretó su separación y envió a Riquelme para hacerse cargo del gobierno. Ruy Díaz se negó a entregar el poder y se resistió con las armas rebelándose contra la autoridad de la Asunción. Bien se sabía que no era el capitán Alonso Riquelme de Guzmán el llamado para imponerse al capitán Ruy Díaz Melgarejo: más de una vez ya le había vencido políticamente como ocurrió nuevamente en esta ocasión, pues, con promesa falaz consiguió apoderarse taimadamente del comisionado de Cáceres.

Cuando Melgarejo recibió de Riquelme el aviso de que venía para encargarse del gobierno por órden de Cáceres, convocó a los vecinos y soldados a una asamblea y se hizo proclamar plebiscitariamente, por Capitán General y Justicia Mayor en nombre del hermano depuesto, y salió con cien buceros al encuentro de la fuerza asunceña. La revolución estaba en marcha en el Guairá una vez más. Con el don de seducción que tenía, de dominador de hombres que van detrás del más varonil, del más fuerte por sus atributos, sonsacó de Riquelme gran parte de su gente hasta el extremo de dejarle imposibilitado para cumplir su cometido. Desarmado, el emisario de Cáceres pidió a Melgarejo permitiera salir a su mujer e hijos que vivían entonces en Ciudad Real para llevárselos a la Asunción. Le consintió engañosamente la entrada con la condición de que viviera tranquilamente entre los guaireños como pacífico vecino. Confiado en la promesa, Riquelme fue a la tienda de Melgarejo; mas, éste le hizo prender, ponerle dos pares de grillos y le condujo a la Ciudad Real en calidad de prisionero de guerra; *"llevando adelante de sí en una hamaca al preso, formada la gente en escuadrón, tocando pífanos y tambores"* dice el historiador Guzmán, hijo del prisionero, al describir la escena.[67] El capitán Melgarejo hizo su entrada triunfal en Ciudad Real como los antiguos generales romanos con su prisionero maniatado.

Después de tenerle preso en dicha ciudad durante un año, le remitió a Villa Rica del Espíritu Santo en cuyo castillo de *Cuaracyberá* le mantuvo encerrado y él continuó como dueño y señor del Guairá convertido en feudo suyo, independiente de la Asunción.[68]

Los partidarios de Vergara destituyeron en la Asunción a Cáceres en una asonada dirigida por el obispo de la Torre en 1572 por su tiranía y porque *"era luterano"*[69] y dejaron a Martín Suárez de Toledo gobernar interinamente la provincia. Suárez llamó a Melgarejo en 1572 por intermedio del capitán Hernán González quien fue al Guairá con una escolta de treinta Soldados, y le encomendó, en el momento que se preparaba a ir a fundar otro pueblo en la costa del mar[70], la conducción de Cáceres como preso a España y, a la vez, la información a la Corte del estado de la provincia por persistir la misma necesidad de salir del aislamiento; llevaría la misma misión fracasada en 1563, que se ha visto en su oportunidad.

"...Estando aparejado –dice Melgarejo– para ir a poblar otro puerto en el mar, que se dice san francisco...rogaronme qu yo fuere el q. le lleuase preso a Caçeres..."[71]

Una vez en la Asunción y cuando preparaba su viaje a España, hizo levantar la *probanza* del 11 de febrero de 1573, de sus servicios para presentarla a la Corte juntamente con las muestras de piedras auríferas de *Cuaracyberá* de las que iba a ser portador. En la pro-

---

[67] Guzmán, Op.cit.; Cap. XVII, Lib. III
[68] Ramón I. Cardozo, *El Guairá*.
[69] Carta de Martín de Orué para Su Magestad; Colección Garay, p. 159
[70] Carta de Melgarejo a Vega; Doc. N° 11.
[71] Carta de Melgarejo a Vega; Doc. N° 11.

banza cuenta que luego de la fundación de la Villa Rica del Espíritu Santo, después de dejar todo bien organizado en ella, se volvió a Ciudad Real, distante sesenta leguas; que de esta ciudad despachó a varios emisarios para avisar en Asunción de la nueva fundación, pero que, en vista de que aquéllos no podían llegar a su destino, resolvió él irse personalmente a la capital; que *"porque yo estoi de partida Para yr a los Reynos de españa mediante la voluntad de dios nuestro señor en el nauio que se esta haciendo con ciertos despachos del mui magnífico señor martyn suares de tholedo theniente de gouernador y capitan general en nombre de su magestad destas Prouincias para hazer sauer a su magestad los metales en ellas descubiertos y el estado en que esta..."*[72]

Lista la Carabela, Melgarejo partió de Asunción el 14 de abril de 1573 conduciendo al depuesto lugartenicnte del adelantado Ortiz. de Zárate en calidad de preso, y como pasajero al belicoso obispo de la Torre; quien, siguiendo los consejos de algunos amigos, resolvió trasladarse a España para querellar a Cáceres por sus desafueros: salió juntamente con Juan de Garay y se separaron en la laguna de los Patos, sobre el Paraná en cuya costa éste fundó la ciudad de Santa Fé y él continuó su viaje.[73]

Al pasar por San Gabriel, el 12 de junio de 1573, el capitán Melgarejo y el obispo dejaron una carta para el adelantado Ortiz de Zárate. Al respecto dice el tesorero Montalvo, en su carta fechada el 29 de marzo de 1576 en San Salvador: *"...en que avia bajado del assuncion el obispo y el capitan rruy diez melgarejo parayr asta el brasil... con ciertos cristianos que avian bajado de la ciudad de la assuncion cerca de lo de tucuman porque en ciertas cartas quel adelantado avia allado en la cruz questava en la dicha punta de la tierra de san graviel...las cuales cartas avian dejado ally el obispo y el capitan rruy diez melgarejo hermano del dho tesorero francisco ortiz de vergara con fecha de 20 de junio de 1573 avisando por ellas de como yvan aespaña y llevava el obispo preso a un felipe de cáceres teniente y del dicho adelantado por el santo oficio de la ynquisiçion y davan aviso de como quedava poblado ally el dicho capitan juan de garay llamado santa fe cien leguas de ally..."*[74]

Pero, nuevamente, el destino salió a su paso y torció su ruta; era la segunda vez que iba a España y, también, otras tantas veces que

---

[72] Probanza de los servicios de Melgarejo hecha en Asunción en 1573, Doc. N° 7

[73] Dr. Manuel M. Cervera y Lozano, *Conquista del Río de la Plata*; Tomo 3; Ubicación de la ciudad de Santa Fé.

[74] R. Leviller, *Correspondencia de los Oficiales Reales de Hacienda con los Reyes de España*, Tomo I; Carta del contador Hernando de Montalvo; Doc. N° 11.

suspendía su itinerario. Una fuerza superior le sujetaba en el continente americano y guiaba sus pasos hacia la realización de su misión histórica.

En este viaje llevó consigo a su hijo mayor Rodrigo de 17 años quien, siguiendo su vocación, ingresó en un monasterio de San Vicente y se hizo religioso, para venir más tarde a actuar en su patria.[75]

Estando allí en San Vicente, llegó un navío de España y por él supo que el adelantado don Juan Ortiz de Zárate había pasado para el Río de la Plata, con el objeto de posesionarse del gobierno. Melgarejo, arrastrado por sus ideas a cuyo servicio tenía su poderosa voluntad que le hacía tomar las trascendentales resoluciones que señalaron los pasos de su vida de conquistador a través de la Historia, determinó, a pesar de la oposición y resistencia del obispo con quien mantuvo largas discusiones, plegarse a la armada del Adelantado: en el corazón del continente americano y no en la Corte del Rey estaban su campo de acción y su porvenir. No había nacido para gendarme ni para leguleyo, sino para luchar, mandar, crear.

Los estruendos del Salto del Guairá, imponente obra de la naturaleza en su indómita grandeza –imagen de su alma de héroe– le atraían más que las suavidades enervantes de la Corte. Dejó en libertad a Cáceres y se separó del obispo para que ellos fueran a España en otro barco.[76]

Dice al respecto el Capitán: "*...ynformado de como venyan y la necesidad q' trayan acorde asy a buscarlos pereciendome q' asy convenya al servicio de su mag..., en no llevar navios ny onbres q' supiesen el Ryo donde los alle dexando al Obpo y a felipe de caceres en Sant Vicente aparejandose para yr en una nao q' estava en Sant Vicente dando carena para yr a España.*"[77]

"*Estando el obispo y el capitan rruy diez melgarejo en san bicente tierra del rrey de portugal, dice Montalvo, llegaron a la saçon seis soldados de los q' avian derrotado en el navio pataxe al brasil los quales dieron nueva como venia el adelantado joan ortiz de çarate por gouernador destas prouincias. En nombre de Va. rreal majestad y ansy el dho capitan rruy diez acordo luego de bolber con su navío y alguna de la jente y con los seis soldados y los demás soldados y capitan y marineros q' se derrotaron en el dho paraxe al-*"

---

[75] Carta de Melgarejo a la hermana; Doc. N° 10.
[76] Carta de Melgarejo a la hermana; Doc. N° 10.
[77] Carta de Ruy Díaz Melgarejo al Emperador Carlos V, Doc. N° 2.

gunos se quedaron ally y otros se embarcaron con el obispo...en otro navio para España."[78]

A propósito del obispo de la Torre, el capitán Melgarejo informó al soberano en su carta de1561 de la peor manera: "*Del Obispo desta tierra –dice– lo que escrivo a V.M; es que su benida unas fue para atizar la fragua que para echarle agua; todo bueno a reprovado y con todos los malos que algo tienen se a abrazado,...que todo el pueblo por ver sus codicias, le tiene aborrecido.*"[79]

Resuelto a incorporarse a la armada del Adelantado, Melgarejo vendió sus pocas haciendas que llevaba en su nao, y las "*transmutó en bastimentos en la costa del brazil y vino con su navio cargado dellos del dicho gouernador y armada, y, por cierto, que fue muy oportunamente porque el señor Adelantado venía con extrema necesidad y tanta que se le moria de hambre la gente que traya...con lo qual ceso la grande necesidad de bastimento que traya y auiendole muerto y captiuado al dho gobuernador ciento y veinte hombres pocos dias antes q' El dho capitan llegase los naturales yndios de aquella costa.*"[80]

Melgarejo se incorporó a la armada del Adelantado en San Gabriel. "*La llegada de esta nao –dice Peña– llenó de contento a los desgraciados expedicionarios, pues, aparte de las provisiones que podía traer era un refuerzo de consideración que recibían, pues, la tripulación y sobre todo el capitán Melgarejo era valiente y experimentado soldado de las guerras contra los indios de esta comarca.*"[81]

"*Hallándose los españoles con el temor de ser asaltado por Zapitán, en las islas de San Gabriel –dice Lozano– aportó en su gente el Capitán Ruy Díaz Melgarejo, con cuya vista, no son ponderables los júbilos en que prorrumpieron todos los de la armada como si de repente resucitaran de muerte a vida*".

"*Llegó –dice Montalvo– el dicho capitan rruy diez con su navio estando en la dicha ysla de san graviel después de la derrota de los charrúas con la jente segun lo allo afligido que despues de nuestro señor fue el parte con su venida para el rremedio de toda la jente ansy con el socorro de alguna comida como de jente quel traya como del navío para el ayuda de yr abuscar comida por los yndios y el lleuar de la rropa y jente asta este puerto...*"[82]

---

[78] R. Leviller, Op. cit.
[79] Carta de Ruy Díaz Melgarejo al Emperador Carlos V, Doc. N° 2.
[80] Probanza de los sevicios de Frías y Melgarejo; Doc. N° 15
[81] Fragmentos históricos coloniales, Op.cit.
[82] R. Leviller, Op. cit.

Se reanudan las creaciones

El capitán Melgarejo prestó al desesperado Adelantado innúmerables e importantes servicios en la costa del Uruguay: le socorrió oportunamente *"como caballero e hijodalgo era"*[83]; con asombrosa actividad recorrió el territorio; impuso las armas del mandatario entre los charrúas que le tuvieron respeto y miedo en seguida, tal es así como Montalvo cuenta: *"...ye en este ynter vieron acer ciertos fuego acia dondellos tenian sus casas y creiendo quel capitan rruy diez avia ydo a sus casas con la jente y ansy fueron a gran prisa..."*[84] (85). En esta defensa del Adelantado dió pruebas, una vez más, de su temple de guerrero que le hacía merecedor de ser digno émulo del fundador de Santa Fé quien, en aquella época, era señor del Río de la Plata. En sus entradas en la tierra de los charrúas recogió abundantes provisiones, rescató a españoles cautivos del poder de los salvajes[85]; pasó a los dominios de *Yamandú*, se introdujo entre los querandíes en el rincón de Gaboto, Se abrazó en Santi Spiritus con el capitán Garay, de donde volvió junto al Adelantado a quien condujo a un puerto seguro del río Uruguay y le auxilió a fundar el pueblo de San Salvador.[86]

Hernandarias en Su carta al Rey del 26 de junio de 1608, dice respecto de él: *"...y el dicho general Ruy Díaz melgarejo sirvio a vuestra magestad mas de tiempo de cinquenta años los cinco en ytalia y los demas en estas prouincias siendo uno de los primeros pobladores y conquistadores dellas y de mucha suerte y Grande opinion poblo y fundo los pueblos de vuestro rreal nombre en la prouincia de guayra fue el primero que socorrio al adelantado juan ortiz de çarate en este rrio de la plata viniendo para el efecto del brasil con vn nauio cargado de bastimentos a su propia costa y fue gran parte para que no pareciese aquella armada que estava en grande aprieto de hambre y de henemigos por hauerle muerto al dicho adelantado mucha gente los yndios charruas y de la gente que le avian capturado los dichos indios. Rescato el dicho general a su costa 18 españoles atraxo gran suma de yndios conquisto en la dicha prouincia de guayra..."*[87]

"No terminaron sus actividades, pues, salió de San Salvador a buscar más provisiones: aunque ya poblado de canas, era el primero en estas facciones, trabajando con el vigor que si fuera muy joven", dice Lozano.

---

[83] Probanza de los sevicios de Frías y Melgarejo; Doc. N° 15
[84] R. Leviller, Op. cit.
[85] Probanza de los sevicios de Frías y Melgarejo; Doc. N° 15
[86] Idem ant.
[87] Revista de la Biblioteca Nacional de Buenos Aires, Tomo I, N° 2, Carta de Hernandarias al Rey.

Dejó el Adelantado el puerto de San Salvador y allí también quedó enterrado el cadáver del hermano del Capitán, don Francisco Ortiz de Vergara quien, después de su destitución en el Perú por el Virrey, había ido a España y tornaba en calidad de tesorero de la armada; murió el 3 de diciembre de 1573. A los nueve días de febrero alcanzó a Martín García con los *"dos nauios que le auian quedado y el en que uino el Capitan rruy diez melgarejo a la ysla de martin garcia donde estuvios tres meses y alli se perdio la naue vizcaina..."*[88]

Después de mucha peripecia, el Adelantado remontó el Paraná y llegó a la Asunción. Melgarejo volvió con el para terminar su misión histórica. Indudablemente, la vista de la Asunción habrá despertado en la mente del viejo guerrero los recuerdos del lejano Guairá al que dio el hálito de la civilización europea, de la Villa Rica del Espíritu Santo, de Ciudad Real que él con sus esfuerzos y sacrificios, había poblado y, sobre todo, de las fascinantes minas de *Cuaracyberá* cuya imagen brillante haría resucitar en su mente sus proyectos y sus ensueños tantas veces desvanecidos al punto ya de realizarlos. Había abandonado aquellos lugares al azar de las circunstancias pero no el sueño del dorado campo de cuya entraña, henchida de promesa, pensaba extraer el oro y la plata para remediar las necesidades de la colonia, aumentar la renta del Rey y la de él, pobre como todos los conquistadores del Paraguay.

Buscaba la manera de regresar a la rica zona con autoridad, con poderes para dedicarse a la explotación del tesoro escondido.

La ocasión se le presentó a pedir de boca: los naturales se levantaron en contra de las autoridades españolas en la zona del Paraná.

Nadie más que él podría apaciguarlos, porque era el único cuyo sólo nombre imponía el respeto a la autoridad española. Y el Adelantado, en posesión ya de su gobierno de la Asunción, y teniendo *"noticia que la prouincia de guaira estaua con algun bullicio y mucho de los naturales alçados y Reuelados"*[89], le otorgó el 7 de julio de 1575, en compensación de los importantes e innumerables servicios prestádosle a su llegada al estuario del Río de la Plata, así como por las fundaciones hechas en la provincia del Guairá que le daban derecho al gobierno de ella, y el celo sin igual puesto al servicio de S.M. para descubrir las minas *"que será Dios servido y S. M. que todo redunde en bien de los españoles vezinos estantes y abitantes de toda esta gouemacion y prouincias"*, los títulos de Teniente Gobernador, Capitán General y Justicia Mayor de Ciudad

---

[88] R. Leviller, Op. cit.
[89] Probanza de los servicios de 1573; Doc. Nº 12.

Real y de Villa Rica del Espíritu Santo por tres vidas en ésta y por dos en aquélla con facultades para gobernar las dos ciudades, repartir encomiendas, nombrar lugartenientes, y le dio como feudo una encomienda de trescientas leguas de tierra con trescientos cincuenta y dos *fuegos*[90] de indios comprendidos dentro de la superficie indicada, *"os doi y encomiendo para que gozeis dellos por vuestra uida y por la de un hijo legítimo vuestro"*[91], le dice. Los fundamentos de la encomienda son: 1° que Melgarejo llevaba 35 años de residencia en la provincia durante los cuales sirvió a su Magestad bien y fielmente; 2° que descubrió mucha mina de cobre, plomo y, *"Dios permita"*, plata; 3° que,Ï como caballero e hijodalgo que era, le socorrió oportunamente en San Vicente, costa del Brasil. En consecuencia, le otorgó una encomienda en la boca del *Pyqyry* con seis casas con los caciques *Joan Ayarimá* con 17 fuegos; *Tupiáitá* con 49 fuegos; *Domingo Erepachí* con 5 fuegos; en el río *Huybay* siete casas cuyo cacique es *Gaspar Tayaoba* con 68 fuegos; en el primer salto del mismo rio, *Miguel Carachí* con 10 fuegos en el *Piqyry* arriba; el cacique *Francisco Moroacen* con 45 fuegos; en el *Parnapané*, el cacique *Tacuruty* con 117 fuegos y *Urumorotin* con 5 fuegos.[92]

Para ir a su nuevo destino, Melgarejo adquirió de Gil García, vecino de la Asunción, 560 varas de *"lienzo de la tierra"* (*aó-poí*) en la suma de 100 ducados y 375 maravedís en *"moneda usual y corriente en castilla"* pagadera en Sevilla, en donde tenía sus bienes dejádosle por su madre Da. Beatriz de la Roelas y su abuela Da. Francisca de Ribera. En consecuencia, otorgó a favor del vendedor García carta de pago a tres meses de plazo, a cargo de la hermana Da. Juana Ortiz Melgarejo residente en aquella ciudad, en San Julián de Caldebeato, depositaria de los bienes mencionados.[93]

Melgarejo tomó posesión del gobierno del Guairá, y en este último período de su actuación en sus antiguos dominios, se consagró durante los años de 1577, y 1578 a la fatigosa faena de catar el subsuelo de *Cuaracyberá* en busca del oro, trabajando personalmente, aunque era *"hijodalgo y no artesano"*. El 4 de septiembre de 1578 hizo levantar una información sumaria en Villa Rica del Espíritu Santo, ante el alcalde ordinario y de la hermandad, García Vásquez, para comprobar sus penosos trabajos en la busca y explotación personal de las minas en las que *"...vn año a esta parte todos los dias esta haciendo fundiciones e ynspirencias en la fragua*

---

[90] Llamábase *fuego* a una unidad social constituída por un padre de familia indígena con su mujer e hijos. Documentos del Archivo de Indias.
[91] Cédula y encomienda del Adelantado Juan Ortiz de Zárate; Doc. N° 8.
[92] Cédula y encomienda del Adelantado Juan Ortiz de Zárate; Doc. N° 8.
[93] Carta de pago; Doc. N° 9; y Carta de Ruiz Díaz a Vega, Doc. N° 11.

publicamente trauajando desde la mañana hasta la noche."[94] El vecino Francisco Pérez de Canales dijo en su declaración, en dicha información sobre los servicios del Capitán que "*de vn año a esta parte todos los mas dias le e uisto estar en la fragua desta uilla traficando con gran cuidado y asistencia y en fundir y ensayar el metal de herro para sacallo a luz e que por la mucha perseuerançia que en ello a tenido e puesto a saldo con ello sacandolo en abundancia para que pueda aprouechar...*"[95]

En resumen, después de una perseverante labor durante los años de 1577 y 1578, actuando de minero sin serlo ni artesano siquiera, después de haber pasado "*...gran trauajo spiritual e corporal por el remedio de esta tierra en descubrir minerales de yerro y sin yndustria de maestro para sacallo en limpio lo qual e trauajado con mi propia persona sin ser enseñado por el Remedio e perpetuidad de todas estas Prouincias de lo qual se sigue al lliende de lo principal que es el ensalsamiento de nuestra Santa fee catholica en ellas y gran vtilidad a todos los uezinos y por ser Remedio de todos en gran necesidad e penuria como auia del dicho yerro por seer el Rescate e moneda que se vsa enesta tierra e carecer como carecían muchos de vna cuña e vn cuchillo Para traer leña e seruicio de su casa por el aumento del patrimonio Real...*"[96], obtuvo, en cambio del oro y plata buscados afanosamente en las minas de *cuaracyberá*, unas "*sinquenta libras de cuatro arrobas poco más o menos de piedra de orno de quarta poco mas omenos o una quadra con vnos fuelles pequeños.*"[97]

Con el hierro extraído de aquellas minas se remediaron, en gran parte, las necesidades de los pobladores fabricando de él cuñas, cuchillos y machetes.

Durante este último gobierno, hizo una entrada contra los tupíes, que hacían estrago entre los guaraníes del este del Guairá, en cuya oportunidad libertó a 10 españoles y una mujer casada con su marido.[98]

El Capitán ya se había retirado de sus tierras del Guairá, donde actuara, con algunas intermitencias de poca importancia, más de treinta años, pero su prestigio de gran conquistador y de fundador de pueblos se mantuvo invariable y persistente; tal es así que el gobernador interino de la provincia D. Juan de Torres Navarrete expidió el 23 de febrero de 1586 un bando por el que nombró a Ruy

---

[94] Pobanza de servicios de 1578. Doc. N° 12
[95] Idem ant.
[96] Idem ant.
[97] Idem ant.
[98] Probanza hecha en Santa Fe. Doc. N° 15.

Se reanudan las creaciones

Díaz Melgarejo comisionado a poblar *Mbyazá* y *San Francisco* por *"ser cavallero de mucha ynspiriencia solicitud para dho efecto al mismo tiempo que él haría una entrada en la tierra de los sezares o Elelin."*[99]

El 22 de septiembre de 1587 presentó al Cabildo de la Asunción, *"caveça de las prouinçias del rrio de la plata"* una petición para que se le otorgara en propiedad, un campo en las cercanías del río *Tobatí*, para su estancia que ya la tenía allí desde un tiempo, pues, estando en Villa Rica del Espíritu Santo, en el Guairá, y en atención de la falta de ganado vacuno para la alimentación de la gente, hizo comprar en Asunción, por intermedio del hijo Hernando Melgarejo, ciento diez cabezas de animales de las que, al ser conducidas al Guairá, habían quedado en los campos de ese lugar de Tobatí a cargo del mismo hijo Hernando, setenta reses grandes y chicas con las que pobló y fundó allí un establecimiento. El Cabildo, atento a los méritos del Capitán, le otorgó en propiedad una legua de tierra en el mencionado paraje para el establecimiento de estancia, corrales y casas.[100]

---

[99] Bando de Juan Torres de Navarrete; Archivo Nacional de Asunción.
[100] Petición de tierras en Tobatí; Doc. N° 13.

EL ECLIPSE

El eclipse

Probablemente se retiró a Santa Fe a la vida privada en 1590, después de haber actuado en el Guairá, su obra, su creación, por espacio de treinta años con muy pocas interrupciones y de cuarenta y ocho en el Paraguay; más que Domingo de Irala que Sólo tuvo diez y nueve.

No parece que dejó, a su retiro, muy profunda impresión de terror y de odio entre la gente que gobernó durante tantos años, por las crueldades con que le motejaron sus enemigos de las horas de luchas ardientes, en cartas e informaciones, como para no ser deseado para el buen gobierno en los momentos difíciles de la corta existencia del Guairá, pues, el prestigio del capitán Ruy Díaz Melgarejo persistió aún después de su ausencia definitiva de la provincia y se le reclamó por los colonos y se pidió su presencia por los naturales, quienes encontraron siempre en él al gobernante de autoridad, al compañero solidario y al hombre que los defendía contra las malocas del oriente y los encomenderos explotadores.

Era de mano férrea sí, pero justo. Los indígenas de la provincia del Guairá se levantaron en contra de las autoridades españolas a causa de los desmanes de los capitanes y encomenderos, tan pronto que él dejó el gobierno, y pusieron como condición para retornar en paz a las encomiendas, las que habían abandonado en son de protesta para buscar el refugio de sus selvas acogedoras, la vuelta del viejo Capitán al gobierno del Guairá para *"poner en orden la gouernación"*. Así lo expresó en 1593 el procurador de la ciudad de Villa Rica del Espíritu Santo, Pedro Miño, al gobernador interino de la provincia, don Bartolomé de Sandoval y Ocampos, el 25 de octubre del mencionado año.[101]

Anciano, tal vez de 70 años si se supone que haya venido a América a los veinte y cinco más o menos, aquel roble andaluz fue a volver al seno de la eternidad en la ciudad de Santa Fé donde vivió el resto de su existencia azarosa, como también lo hizo más tarde aquel *urundey* de nuestras tierras, Hernandarias.

Tuvo siete hijos, cinco legítimos habidos de su mujer Da. Elvira *la Trágica,* el P. Rodrigo Ortiz Melgarejo, Da. Isabel de Carvajal, Da.

---

[101] Ramón I. Cardozo, *El Guairá.*

Beatriz, Da. Jerónima y D. Gabriel Melgarejo[102] y dos naturales, D. Francisco de Guzmán y D. Hernando Melgarejo.[103]

No fue tan prolífico como la generalidad de los conquistadores que emplearon, su sangre en la fusión de las dos razas, la conquistadora y la indígena; ni tan sensual como Irala.

Testó cuando sintió aproximársele el fin de su existencia, con fecha 5 de octubre de 1595, en la misma Ciudad de Santa Fé; firmó el testamento en casa de su hija Da. Isabel de Carvajal, viuda del capitán D. Gonzalo [Martel de Guzmán], muerto y enterrado en la misma ciudad.

Su testamento es el reflejo fiel de su estado de ánimo; como un espejo proyecta en el tiempo la imagen de su alma atribulada en los últimos momentos de su existencia. Muestra no solamente su intensa creencia católica como buen español de la época, sino también su honda preocupación por el más allá, seguramente a causa de la sombra de su pasado turbulento, de su descuido de los deberes cristianos que mamó en la España Católica, y de la tragedia de su hogar, tan infelizmente interpuesta en su vida, que llenaría de angustia su corazón fatalmente amargado, lacerado, cuando en el crepúsculo de su existencia se encontró a solas con sus recuerdos tristes que, como bandada de aves de mal agüero, le picotearían, y con su conciencia en su vivir solitario de la silenciosa Villa de Santa Fé, y se apoderaría de él la terrible angustia de la eternidad de la que nos habla Unamuno. En el testamento hace su profesión de fé cristiana, invoca a la Virgen y a los bienaventurados apóstoles pidiéndoles su misericordia para que intercedan por él ante la justicia divina, por su "*ánima*", y le perdone; que el día de su entierro le acompañen las cofradías a las que pertenece; que se diga una misa de réquiem por su alma, responso sobre su cuerpo, más de mil misas y que se dé limosna, toda la limosna posible. Todo revela el terror de la muerte del que afrontó peligros en mil combates, el terrible miedo a la justicia póstuma.

Las principales disposiciones testamentarias son: 1° que sus restos fueran enterrados en la Iglesia del Convento de San Francisco de la ciudad de Santa Fe, al lado de la sepultura de su yerno Gonzalo; 2° que deja a su hijo natural Francisco de Guzmán, su arcabuz, su espada, su daga y su celada; 3° al capitán Manuel Frías, casado con su nieta doña Leonor, más de 300 leguas de tierra con los indios,

---

[102] Presentación de Gaspar de Ortigosa; Doc. N° 3.

[103] Testamento del Capitán Melgarejo; Doc. N° 14; y sus cartas a su hermana y a Vega; Doc. N° 10 y 11. N.E.: Como veremos ms adelante, hubo otros no mencionados en el testamento.

chacras, solares y estancias que poseía en el Guairá como conquistador y poblador; 4° al mismo, las mercedes que poseía en Ciudad Real y en la Villa Rica del Espíritu Santo, y 5° al hijo natural don Hernando y a las nietas, hijas de éste, Isabel y Beatriz Melgarejo, la estancia con mucho ganado, del Tobatí.[104]

Parecería que hubiese dejado en olvido, en la repartición de sus bienes, a los hijos legítimos como una dolorosa inhibición causada por el pasado, mas, dice en el testamento que declara haber tenido de Da. Elvira de Carvajal, su mujer legítima, los hijos el Padre Rodrigo Ortiz Melgarejo, Provisor y Vicario General del Obispado, Da. Isabel de Carvajal, viuda del Capitán don Gonzalo Martel de Guzmán y don Gabriel Melgarejo, difunto, a los cuales les ha dado ya sus partes en vida.[105]

Es digno de parar mientes en la parte que asignó en el reparto, a su hijo natural don Francisco, a quien le dejó *"por ser como es mi hijo y auerme seruido con el amor y uoluntad que a mi su padre deuia y por auerme sido siempre mui ouediente*‖, *su arcabuz, su espada, su daga y su celada y* –eso que repite para recalcar el valor del legado– *que quisiera dejarle otra cosa de mas ymportancia por el amor que le he tenido y tengo y mando no se las quiten pidan ni demanden."* Aquellas armas, el arcabuz, la espada, la daga y la celada eran para el Capitán algo muy querido, algo que formaba parte de su persona, de sí mismo, por haber sido compañeros de sus campañas, de sus aventuras, instrumentos de su defensa que le salvaron en las numerosas circunstancias difíciles de su azarosa existencia; sobre todo, para un hombre de la edad en que actuó, en la que los sentimientos y las costumbres de la Edad Media aún persistían como eco del pasado no tan remoto puesto que para la humanidad los malos son minutos, representaban inmenso valor por eso dejó al hijo querido que le ha servido *"con el amor y voluntad que a mi su padre deuia y por auerme sido siempre mui ouediente"*, como cosas de mayor precio, precio moral, que todos los bienes materiales, las tierras, los indios, las vacas, y las minas. ¿No refleja acaso ésto espiritualidad en aquel viejo guerrero que conoció de todos los sinsabores, de todas las amarguras en sus largas campañas en contra de los naturales, que parecía tener el alma endurecida, cerrada a todos los sentimientos de humanidad, a quien sus enemigos personales le presentaron en los anales de la Historia como *"cruel, reboltoso y desasosegado"*, que colocaron al lado de su nombre *"sus bizantinas atrocidades"*? ¿No revela, acaso, con esto su alma de caballero castellano del medioevo? No cabe duda

---

[104] Testamento del Capitán Melgarejo; Doc. N° 14.
[105] Testamento del Capitán Melgarejo; Doc. N° 14.

que la edad, la soledad de su ancianidad venerable, la vida retraída
de sus úlimos años produjeron en el alma del soldado, endurecida
aparentemente en los ardores juveniles de sus campañas, una reac-
ción espiritual a fuerza de afrontar la muerte, único enemigo al que
temía, haciendo renacer en su ser sus sentimientos adormidos, sentimientos generosos que ya los reveló en sus creaciones del Guaira,
presentándose con toda la grandeza de *"defacedor de entuertos"*
cuando, como lo manifestó en la Carta al Rey, fue al Guairá a fundar ciudades solamente para sacar a sus *"probes amigos"* de la servidumbre de Irala cuyo poder omnímodo pesaba sobre los colonos.

El capitán Ruy Díaz Melgarejo murió en *"suma pobreza"*, sin tener
cómo sustentarse él y su familia conforme a la cualidad de sus personas, porque todos los servicios a la Real Corona de España, los
hizo a su propia costa y sin *"deservir a su magestad"* [106], si bien
poseía la inmensa extensión de tierra con sus numerosos *"fuegos"*
que no le producían nada.

La fecha de la muerte del fundador de la Villa Rica del Espíritu
Santo, no nos fue posible precisarla por no encontrar en documento
alguno, probablemente ocurrió entre los años de 1595, del testamento, y 1602 de la probanza hecha en Santa Fe de los servicios
a pedido del capitán Manuel Frías, testamentario y casado con una
nieta; tal vez, el mismo año de 1595.

Tampoco hemos podido comprobar el lugar donde están las ce-
nizas en la ciudad santafecina, pues, según informe que poseemos
nada ha quedado en el Convento de San Francisco [107] ni en la
iglesia de la orden, todos refeccionados, que atestigue el sitio; todo
ha cambiado o desaparecido a través de las tres centurias y media.

Sólo quedan en el mundo espiritual, intangible, el nombre, purifi-
cado en el crisol del tiempo por la alquimia de la justicia histórica,
del colonizador perínclito y del fundador audaz y, como monumento imperecedero, la Villa Rica de *Ybyturusú* que ha sobrevi-
vido a todas las vicisitudes de su azarosa juventud, como la de su
benemérito fundador, para cantar su gloria con su progreso y su
cultura y el valor cívico de su hijos que poseen la santa rebeldía de
aquél.

Creemos siempre que la Villarrica de hoy en breve reivindicará su
nombre histórico que le dio su fundador, del que ningún gobernan-

---

[106] Probanza de Manuel Frías de 1602; Doc. N.º 15.
[107] N.E.: Gracias a los trabajos de Zapata Goyán, posteriores a la publicación de
Melgarejo, el Convento de San Francisco en Santa Fé (La Vieja) fue
encontrado y excavado en las proximidades de la hoy ciudad de Cayastá,
encontrándose la tumba de Melgarejo y de sus hijos.

te, por más poderoso que sea, puede despojarle; y tendrá en una de sus plazas públicas la estátua del viejo fundador y conquistador andaluz.

Abril de 1939

EPÍLOGO

Años después de la muerte del Prof. Cardozo, el Dr. Agustín Zapata Gollán descubrió las ruinas de la primitiva ciudad de Santa Fé (*Santa Fé La Vieja*) en las inmediaciones de la ciudad de Cayastá, así como el emplazamiento del convento de San Francisco y la sepultura de Ruy Díaz Melgarejo.

Sepulturas en el Convento de San Francisco
Santa Fé La Vieja
Parque arqueológico de Santa Fé la Vieja

Santa Fé fue fundada el 15 de noviembre de 1573 a orillas del río Quiloazas (hoy San Javier), cerca de su confluencia con el Paraná, a escasas diez cuadras de la actual ciudad de Cayastá y a unos 60 km al norte de la actual ciudad de Santa Fé de la Vera Cruz. De las cien hectáreas del trazado original, el río se llevó treinta y una, dejando las ruinas de la plaza de armas, el cabildo y el convento de San Francisco a escasos metros de su nuevo cauce. Esta precaria circunstancia a la vera del San Javier sirve para ilustrar las razones por las que los primitivos colonos decidieron abandonar el lugar a menos de cien años de su fundación.

Bajo el agua quedaron parte de la Plaza de Armas, la iglesia Matriz, la iglesia de San Roque y la casa de Juan de Garay, entre otros edificios.

Afortunadamente para nuestra investigación, la iglesia y convento de San Francisco quedaron en tierra firme.

En 1949, el Doctor Zapata Gollán, trabajando con escasos recursos y frecuentemente por sí sólo, dirigió los trabajos de excavación hasta su muerte en 1966. Entretanto, en 1957, el lugar fue declarado Monumento Histórico Nacional y hoy dispone de algunas facilidades para quienes se aventuren hasta allí, incluyendo un museo que contiene numerosos artefactos.

Entre las sepulturas descubiertas por el Dr. Zapata Gollán, se encuentran la del Gobernador Hernandarias y su mujer, hija de Don Juan de Garay, y la de Melgarego, fácilmente identificable por su hijo, Don Rodrigo Ortiz de Guzmán, enterrado al lado de su padre, que como era costumbre con los sacerdotes, lo fue con la cabeza hacie el altar.

Asimismo, por documentos posteriores al testamento de Melgarejo, sabemos de otros hijos, habidos con "Doña Clara" –seguramente mestiza– como Doña Francisca Melgarejo[108], nacida en Asunción, que casó en Santa Fé la Vieja con el portugués Don Blas de Mora, el 1º de abril de 1606, en boda oficiada por Don Rodrigo Ortiz Melgarejo, hermanastro de la novia. En 1615, Blas de Mora y Francisca Melgarejo se trasladaron a Buenos Aires[109]. Blas de Mo-

---

[108] Manuel Ricardo Trelles, *Revista del Archivo General de Buenos Aires*; Buenos Aires, 1871, Tomo III, pp. 151-152: "*Registro de la gente portuguesa— En la ciudad de la Trinidad, puerto de Buenos Ayres, de las Provincias del Rio de la Plata, á seis dias del mes de enero de mil y seiscientos y cuarenta y tres años, estando en el Fuerte Real desta ciudad, presente el señor don Gerónimo Luis de Cabrera, gobernador y capitan general desta provincia, por el Rey nuestro Señor, Dios le guarde; en cumplimiento de lo mandado por el bando de la foja antes desta, se fué registrando las personas de nacion portugueses, en la forma siguiente:...9-Gonzalo de Acosta, natural de Lisboa, de setenta y tres años, labrador; está casado con doña Francisca Melgarejo, hija y nieta de conquistadores y pobladores de estas provincias; tiene unas casas de su morada en esta ciudad, chácara y estancia poblada con mil cabezas de vacas y quinientas ovejas, seis esclavos chicos y grandes; que todo ello y el demas caudal que tiene valdrá cinco mil pesos, y le dieron en dote los dos mil dellos; y tiene uu hijo de trece años; ha cuarenta y cinco años que entró en este puerto con el gobernador don Diego de Valdes y de La Banda*".

[109] José J. Biedma, Augusto S. Mallié, Eugenio Corbet France, Héctor C. Quesada *Acuerdos del extinguido Cabildo de Buenos Aires*, p. 222: "*En la Ciudad de Trinidad a 15 de junio de 1615...En este cavildo se presento una peticion de Blas de Mora morador desta ciudad en que pidio ser rrezibido por vezino della atento las causas que alego y visto por este cavildo le admitieron por vezino desta ciudad con cargo de que sustente armas y caballos y*

Epílogo

ra falleció en 1622, dejando tres hijos, Leonor de Mora Melgarejo, Bernardino Ortiz Melgarejo y Pedro de Mora[110]. Doña Francisca casó nuevamente, antes de 1633 con otro portugués, Don Gonzalo de Acosta, con quien tuvo un hijo, Esteban[111]. Francisca Melgarejo testó el 11 de junio de 1647, en Buenos Aires[112]. De ellos hay numerosos descendientes hasta nuestros días, incluyendo las familias Montes, Bradley, Outes, Ocantos, Valerga, Trelles, Ziegler, de la Hoyuela, y Bullrich, entre otros que se suman al considerable número de Melgarejos en la provincia de Santa Fé, descendientes de la numerosa progenie de Melgarejo, aún no completamente establecida.

---

acuda a la defensa della como los demas vezinos."

[110] AGN, EA, t. 11, f. 684, 1° de diciembre de 1621: *"que los dichos dos criados, Blas y Francisca, y las demás crías que Dios fuere servido de darles durante su matrimonio queden y desde luego los dejo por horras y libres no sujetas a servidumbre"* [mandando a sus sucesores no hagan impedimento alguno a esta cláusula] *"porque esta es mi última y postrera voluntad y también lo es la de doña Francisca Melgarejo, mi mujer, con quien lo tengo comunicado".*

[111] 13.XI.1652. R. folio Esc. Fernando Ñuño del Águila. Manda se le dé sepultura en Sto. Domingo. Hijo legítimo de Gonzalo de Acosta y de Francisca Melgarejo –viuda de sus primeras nupcias con Blas de Mora. *"...es declaración que no están hechas las particiones con Bernardino de Mora y Pedro de Mora hijos de Blas de Mora, primer marido de la dicha mi .madre Da. Francisca Melgarejo en lo que les pertenece de la lexitima de la dicha mi madre las quales mando se hagan con efecto para que mi heredero e hija lexitima Clara Melgarejo, havida en la dicha mi mujer sea enterada después de mi fallecimiento en el dicho tercio y quinto, y la parte que me perteneciere de la dicha mi madre; y sea visto po ser necesario hacerse las dichas particiones con los dichos Bernardino de Mora y Pedro de Mora por cosa que pretendan haver del dicho su Padre Blas de Mora por quanto de a parte que habían de haver de suso dicho, me consta están ya enterados."*

[112] Jorge A. Serrano Redonnet, *La sociedad de Buenos Aires en sus derechos a mayorazgos y a otras fundaciones españolas:(siglo XVII)*, Academia Americana de Genealogía, 1992, p. 70 (hija de Ruy Dias Melgarejo y Doña Clara".

El Dr. Zapata Gollán en la excavación de Santa Fé La Vieja

Parque arqueológico de Santa Fé la Vieja

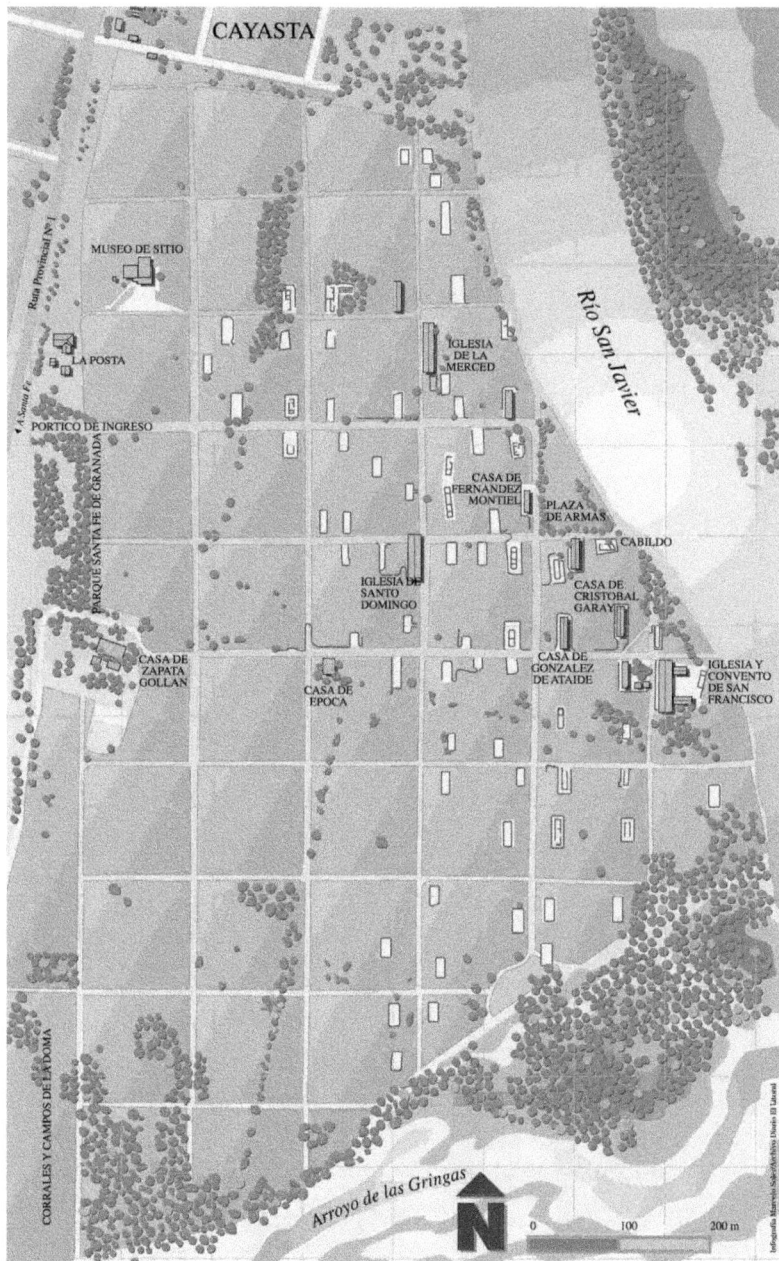

Planta de Santa Fé La Vieja
Parque arqueológico de Santa Fé la Vieja

BIBLIOGRAFÍA

Bibliografía

C. Báez, *Historia colonial del Paraguay y Río de la Plata.*
Ramón I. Cardozo, *El Guairá.*
Dr. Manuel M. Cervera, *Ubicación de la ciudad de Santa Fé.*
Dr. D. Gregorio Funes, *Ensayo de la Historia Civil del Paraguay.*
Enrique de Gandía, *Indios y Conquistadores.*
Dr. Roberto Leviller, *Correspondencias de los Oficiales Reales,*
Tomo I; Información de Ortiz de Vergara; Carta del contador
Hernando de Montalvo.
Dr. Ricardo de Lafuente Machain, *Los Conquistadores del Río de
la Plata.*
P. Lozano, *Historia de la Conquista del Paraguay.*
Fulgencio R. Moreno, *La ciudad de la Asunción.*
Enrique Peña, *Fragmentos Históricos sobre Temas Coloniales.*

Ruy Díaz de Guzmán, *La Argentina.*
Paul Groussac, *Anales de la Biblioteca,* Tomo X; Carta de Da.
Isabel Becerra al Rey.

Archivo Nacional
Pedido de información sobre la muerte de Da. Elvira de Carvajal;
Presentación de Gaspar de Ortigosa.
Carta de pago de Ruy Díaz de Melgarejo.
Acusación de Juan Ramírez Vancalero contra los libertadores de
Abrego y Melgarejo.

Archivo de Indias
Petición de Ruy Díaz Melgarejo para la concesión de tierra.
Cédulas y encomiendas del Adelantado Juan Ortiz de Zárate.

Colección Garay
Probanza de los servicios de Ruy Díaz Melgarejo levantada en
Santa Fé en 1602 a pedido de Manuel Frías.
Probanza de los servicios de Francisco Ortiz de Vergara.
Relación hecha en el Río de la Plata por Gregorio de Acosta.
Carta de Antonio de Escalera al Emperador Carlos V.
Relación de lo que pasó en Río de la Plata después de la prisión de
Alvar Núñez Cabeça de Vaca; Colección Garay.
Testamento de Ruy Díaz Melgarejo.
Probanza de los servicios de Ruy Díaz Melgarejo levantada en
Asunción en 1573.
Carta de Ruy Díaz Melgarejo al Rey, 1561.
Carta de Ruy Díaz Melgarejo a Vega, 1575.

Carta de Ruy Díaz Melgarejo a la hermana residente en Sevilla, 1575.
Carta de Juan Pavón al licenciado Agreda; Colección Garay.
Los Comentarios de Alvar Núñez.
Informe del factor Dorantes.

Revista de la Biblioteca Nacional de Buenos Aires; Tomo I, N° 2;
Carta de Hernandarias al Rey.

APÉNDICE

Apéndice

Documento N° 1

Juan Ramírez Vancalero, aguacil y promotor fiscal acusa ante el alcalde mayor a Alonso Moreno por haber soltado a Abrego y a Melgarejo y a Juan Cerrado por haberse es-capado con aquellos.

Num. 308 a f. 96

Agosto 7 de 1549.

myercoles siete diaz del mes de agosto de mill quy.os e quarenta y nueve a.os antel Sor. Alld mayor pareció Ju.o R.es alguazil e psento el escrito sig.te.

Ju.o R.es vancalero alguazil e promotor fiscal pareso ante V. M. en la mejor via e forma que dro ha lugar e acuso e pongo acusación contra Ju.o cerrudo y digo q. puede aver dos mezes poco mas o menos que en los dias del mes de Junio se salió e fue de esta ciudad en compañya del cap.t Diego de abrego e de Ruydiaz melgarejo para les favorecer ayudar en las cosas que se ofreciezen e para se yr al brasil e llevar de los indios e aun q. supo e vino a su noticia de un vando q. se había hechado q. qualquier que supiese de los dhos diego de abrego e Ruydiaz que lo vieze a dezir e manifestar so cierto pena e conq. lo supo no quizo venir a lo dezir antes se fue conellos como dho tengo propunyendo ansi de los favorecer en todo lo q. se les ofreciese e yéndoles aprender el Sor tinyente de governador con gente el dho Ju.o cerrudo viendo que los yvan aprender hecho mano a su espadae tiro ciertas cuchilladas asta que le arreto por lo qual a yncurrido en my gran pena por tanto pido a V. m. le mande castigar e pugar conforme a los leyes e fueros que sobre tal caso hablan e lo tener a buen recabdo asta tanto que por V. m. sea visto lo q. sea just.a e juro a dios e a esta señal + de q. esta acusación que no la pongo maliciosamente para la qual el noble oficio de V.m. ynploro y pido just.a y las costas.

Otro de la foja 94 del num. id.

Ju.o R.es

myercoles siete días del mes agosto de mill e quy.os e quarenta y nueve a.os antel Sor alld. mayor parecio Ju.o R.es alguazil psento el escripto siguiente.

Ramón Indalecio Cardozo

Ju.o R.es vancalero. Alguasil e promotor fiscal paresco ante V. m. en la mejor via e forma que le dro a lugar e pongo acusación e acuso criminalmente Alonso moreno encrillado enla cárcel pu.ca desta ciudad y digo que puede aver dos meses poco mas o menos que en un dia del mes de Junio y estando prezos e a buen recaudo con sus prisiones enesta cibdad del cap.n di.o de abrego e Ruidiaz melgarejo por ciertos delitos el dho alonso moreno le solto e dio ayuda e fabor para los ayudar asoltar e ansi los dhos limaron las prisiones e quebrantaron la dha cárcel a donde estaban e se fueron y el dho alonso moreno se fue conellos juntamente e se ausento desta ciudad sin aver causa ni razón por donde se pudieze ausentar por lo suso dho y asi consta claro pues se fue conellos a poder e tierra de los yndios dexando como dexo los cristianos. aunq. vino su noticia e supo como se abre hechado un vando que qualquier personas que supiese o oyese donde aver ydo diego de abrego e Ruidiaz melgarejo que la vinieze amanifestar e dezir [ilegible] ql. el dho al.o moreno lo supo e vino a su noticia no lo quyzo dezir ny manifestar entes los encubrió e lo callo e se fue con ello como hombre q. los abra ayudado asoltar llevando como llevavan proposito de bivir y estar entre los yndios e si yr al Brasil de lo qual dio nro sor. fuerte muy de servido e su mag.t si su voluntad se efectuaren por que los yndios los mataren a ellos e a todos los de mas que en su syguymiento se quyria yr e fuera parte para se despoblar esta conquista e perderze muchos nyños hijos de cristianos e otro e que sean tomado cristiano de los propios yndios q. se an vuelto a la fee de nro sor thixpo [Jesus Cristo] e biendo el gran daño que se pudiera recrecer de los suso dhos si se fueren a santa catalina obiese el Sor. tinyente de gover.dr determynase los yr aprender e ansi lo puso por obra e los fue alcançar treynta leguas de aquy los quales hallo en la casa de yndios hechos fuertes e luego unió a la gente llego el dho alonso moreno se armo e puso su cuero e tomo sus armas pa se defender e hecho mano a su espada e la saco de la vayna diciendo palabras muy afrentosas a los cristianos e tirándoles munchas entocadas e diziendo que antes se abra de dexar matar que prender e muncha se quyzo dar asta que por fuera se le tomaron e se las quytaron donde mostro el dañado mal proposito que tiene ede cunplir la palabra que avia dado de los faborecer e ayudar por lo ql todo el dho alonso moreno a yncurrido en muy gran pena por aver cometido tan atroz grave delito por tanto e pido a V. m. y sea necesario es requyero mander pugnir y catigar al dho al.o moreno a las mayores e mas graves penas en dro establecidas castigándole como a hobre q. no teme a dios ny a su justicia pues se yva como se fue contra la voluntad del Sor. tenyente de governador a poder de los yndios ynfieles comedores de carne humana donde en cazo ser homycida dise mesmo sabiendo como sabra q. an comido a los demás que se an desmandado por tanto V. m. le mande tener prezo y al buen recaudo asta tanto que por V. m. sea determynado lo que sea justicia y juro a dios y a esta santa señal de + que esta acusación que no se la pongo maliciosamente sino por que no quede sin castigo un delito como este e por el muy noble oficio de V. m. ynploro e pido justicia y las costas las quales protesto.

Ju.o R.es

(Han venido sentencias a las memoriales del Promotor Fiscal).

Ramón Indalecio Cardozo

Documento N° 2

Carta al Rey de Ruy Díaz Melgarejo desde Asunción a 4 de julio 1561

Saera Cesárea Catholica Real Magestad:

Mucho tiempo a que e deseado ante V.M. presentarme, para que me conociese y particularmente de mi se sirviese: el único y solo señor quen esta vida e servido es V. M.; a quien en mi moscedad, en Ytalia en la guerra servi seys años en todo tiempo siempre procurando ymitar a mis pasados. Vine a esta provincia del Rio de la Plata con el governador: Cabeza de Baca, abra diez y seys años: y un mi hermano, donde ambos a dos emos a V.M. servido en todo lo que se a ofrecido: Preso Cabeza de Baca, yo fuy preso también, porque la noche que le prendieron luego acudi con mis armas a la posada del capital de su guarda, que nunca me oyo: en continente, comenzando a dar muestras de mi voluntad, que hera de librarlo, por lo qual tanbien me redearguyeron de amotinador; y aun yzieron pesquisa entre algunos soldados que habían estado en Ytalia, que me conoscian, de sy vieron o oyeron que yo en algún motin en la guerra me obiese allado, do fue a todos notorio su mala yntencion; mas de esto yo estaba satisfecho y muy seguro que por aquella via azer mal no me podían, porque yo nunca supe, ni se, ni espero que sabre, sino ser asta la muerte fiel y leal servidor a V.M. Escrivir lo que entonces pase y despues e padecido, con otros algunos quel servicio de V.M. siempre an procurado, seria un proceso muy largo. A me guardado Dios por muchas bezes, en dibersos tienpos y por barias cosas, sin salir todo de un mismo negocio; unas bezes, guareciendome en casas secretas, es escondido otras, en los bosques espesos metido, siete años andube en compañía de un caballero de Sevilla, de mi natural deudo, vezino y amigo, capitán de Cabeza de Baca, durante el qual tiempo siempre nos buscaban y muchos rebatos daban y aun muchos bandos echaban, que nadie de comer, ropa, ni armas nos diese, ni en su casa recojiese.

Para este destierro y peregrinaje después de muchos trabajos, peligro, anbre y desnudez, y muchas bezes avernos preso y a mi sacado de la yglesia, en que a mi me desterraron puesto en unos grillos, el rio arriba, y al probe capitán en un bosque, durmiendo, con un arpon mataron; apartandonos desta manera al uno, quitándole la vida, y a mi de toda la conquista. Y asi me puse en camino la buelta de San Bicente, puerto de portugueses, con otros probes perseguidos que conmigo se juntaron, quando espere pasar entre los yndios, como estaba lastimado de quien los avia robado, una noche dieron sobre nosotros en su mesma casa, y la casa quemaron y a todos flecharon y a uno luego mataron, y encontinente pedazos le yzieron, y asado y cozido le comieron. Llegue a Sa.nt Bicente con voluntad de pasar a España a dar cuenta V.M. de los ynsultos, robos, omecidios alteraciones y desenciones desta provincia que luego sucedieron después que echaron la justicia de ella, tan a costa de los pobres yndios que es muy cierto que faltan desde entonces mas de cinquenta mil, y esos que ay, a la mayor parte biben uidos, por lo menos muertos de anbre, sin mugeres ni hijas, que todas se las an saqueado; y por esta causa, los tristes, muchos an sus casas y la tierra desanparado; y en los bos que sean abezindado. No fue mi dicha de que yo fuese con la relación desta persecución, sino quien en esto no ablo o la verdad callo. Visto que los portugueses no me dejaron enbarcar, ubeme a esta çibdad de tornar, donde alle ya legitimo governador, al que de todo fue causador, y ansi luego le obedeci y como a echura de V.M. le servi, y me le ofreci al despachar del nabio que partió desta conquista, a bueltas de la entrada que luego se publico. El governador me mando que con ciertos mis amigos a poblar fuese a un asentamiento q llaman Guayra, junto al rio q llaman el Parana, la buelta del Piquiri: yo lo acete por parecerme que servia muy mucho a V.M.; y q a mis amigos, que son los pobres que siempre a V.M. lealmente an servido, les sacaba de captiberio y de debaxo de la lanza de quien a tantos años que nos la tiene puesta a los pechos; porque, asta en el repartimiento que yzo desta tierra, a ninguno dellos yndio dio. En cuyo nombre, y en el mio, umildemente V.M. suplico y pido quen este asiento de Guayra, donde emos de estar, o en otra parte desta conquista, sea servido de mandar que nos den con que podamos de nuestros trabajos algún tanto descansar, sin que nadie nos lo pueda quitar. Del obispo desta tierra, lo que escrivo a V.M., es que su benida mas fue para atizar la fragua que para echarle agua; todo lo bueno a reprochado y con todos los malos que algo tienen se a abrazado; no se donde piensa subir, que él luego predico en el altar la entrada y que asta las Amazonas a sus codicias, le tiene aborrecido. Plega a Dios que Dios le remedie y V.M. lo probea, que gran necesidad tenemos de ser socorridos y de otros caudillos probeydos: en cuya esperanza, todos los probes quedamos suplicando a Dios Nuestro Señor que a V.M. alargue la vida y al Principe, nuestro señor, y aga unico enperador de todo el universo. Desta ciudad de la Asunción, quatro de julio de mil y quinientos y cinquentay seys.

De vuestra Sacra Cesarea Catholica Real Magestad, umilde sudito y muy umilde basallo. Ruy Dias Melgarejo

Documento N° 3

Gaspar de Ortigoza pide que se le nombre tutor y curador de los hijos menores de Melgarejo por estar éste ausente.

V. 423 a f. 144

Mes de Febrero año 1564

magco señor

gaspar de ortigosa v° desta cibad como uno dl pueblo ante V.m. parezco y digo q. ya V. m. es not° doña beatriz y doña Ysabel e doña Jeronyma e Rodrigo mergarejo y graviel mergarejo hijos legitimos dl capitán Ruy díaz mergarejo e doña elvira de carabajal su muger difunda q. sea en gloria son señores e huerfanos y al psente el dho capitán esta absente e retaydo por temor dla justa Real y quyen dizen aver incurrido en el crimen siq...por lo ql no puede por si ny por otra ynterposita persona parezer en juizio a pedir su hazienda de la dha doña Elvira por ninguna cabsa algunas psonas tienen y retienen algunos bienes y debdas q. tocan y pertenecen a los dhos menores y por no aver persona q. seguir pueda parecer lo pedir y de mandar no la an querido ny quieren pagar poniendo escusas yndevidas por lo q' los dhos señores podrían venyr amenos por cabsa de no tener persona q. por ello en juyzio pudiere hablar e cobrar su hazienda pa. su balimiento y sustentación dlo qual su Real Alteza no será servido...dho tanto aquella via forma y manera q. de dro a lugar asi pido y Requiero a V. m. las vezes q. de dever y obligados q. como padre de menores q. V. m. es por presentar como representante en nombre de la justicia la psona de su Real Alteza de su oficio les mdo dar y de una psona abil y suficiente pa. q. pueda ser curador d. los menores hijos dl dho capitan Ruydiaz melgarejo el ql. de yendole V. m. el poder y facultad q. de dro le puede y deva dar pueda parecer y paresca en juycio y fuera del y en nombre de los dhos señores asi de aqualesquier psonas todos y qualesquier bienes muebles y rayzes q. a los dho menores les pertenescan ansi dl dote dla dha doña elvira de caravajal su madre difunta como otros cualesquier bienes q. a ellos pertenesca por qualquier dote forma y manera q. dro ayan a los aver e tener y haciendo ansi hara V. m. lo q. dro es obligado a justa en otra manera lo contrario haziendo protesto de avzar a su Real Alteza de negligencia q. cueste caro a V. m. tubieredes...y pidole por testimonio al presente escrivano pa. la ql. y en lo necesario el magco oficio de V.m. ynploro...de just^{a}.

Gaspar de ortigosa

Apéndice

Documento N° 4

Gaspar de Ortigosa pide al Alcalde Ordinario un traslado de poderes.

Febrero 15 de 1566

muy magco Sor.

Gaspar de ortigosa tutor y curador que soy de los hijos del capitán Ruydiaz melgarejo y por virtud de la tutela q. ante el psente gral. destas provincias dio al.o riquelme de gusman pa con el ql scrivano me fue dicernida por juez conpetente parezco ante v.m. y digo q el lunes proximo pasado deste mes de febro. en nombre de los dhos mys menores yo pedi al magco. Sor. g° portillo alcd ordinario y de la hermandad desta cibdad por su mando me mandase dar una puca. forma en manera que hiziese fee un traslado de cierto poder q el muy magco. sor Franco. de vergara goveror. e capitan gral. destas provincias dio al al.o riquelme de gusman pa con el ql fuese gevernar el pueblo y cibdad llamada puerto Real en las provincias del parana la ql poblo y fundo el dho capitán Ruy días melgarejo a su costa y mysion según es pu.co y not.o en esta cibdad e costa e por estas por las capitulaciones q sobre ello pusieron a que me refiero por ser asi convenyente al dr° de los dhos mys menores y debiendo el dho sor. aled. de lo mandar dar como de dr° sea obligado en la respuesta q al dho my pedimy.to respondio no le competir el conocimy.to ny determynar aun dello del salbo a V.M. por lo ql de parte de su mag.pido y se nescesario es aun le requiero una y dos y tres vezes y mas tantas q.tas de dr° soy ogligado mande a myn de vre scriv° de provincias ante quyen paso eldho poder me mande dar un traslado dos copia en publica forma de manera que haga fee pa lo psentar en nombre de los dhos menores ante la persona q con dr° pueda e deva de lo pstad e prover sobre ello y haziendolo ansi hara V.M. lo que de dr° es obligado lo contrario haziendo de la denegación de just³ q en no me lo mandar dar mostrace v. m. hazer lo pido por testimonio al presente scrivano y a los psentes ruego me sean ts° pa lo q.l y en lo nescesario el muy magc° oficio de v. m. ymploro y pido just³.

gaspar de ortigoza

E ansy psentado el dho scripto de pedimyto en la man³ que dho sor tente de govor dixo q lo oia y ql lo veera e proveera como mas convenga tso go de arevaño y alo nyn y anto Puesto de alguacil mayor.

E despues de lo suso dho martes veynte e seis dias del dho mes e año el dho sor tente de gobor abiendo viesto el dho pedimyo y a el respondiendo dixo y al prese segun el estado en que estas provin^a y q ny pa los Reynos despaña ny para los Rey del peru ny otra pte alg^a no ay navegación por mar ny por tierra claramente parece el poder q pide no ser nescesario aun q a los dhos menores les competiese como el dho Gaspar de ortigosa dize e asy por esto como ots^a cabsas e justos respetos q a ello le mueven el traslado del dho poder no ay pa q mandarselo dar ny sacar po q quando fuere tpo prescendiendo conoscida nescesidad e aviendo lugar de dr^o se la mandara dar en puc^a forma e qsto daba e dio por su resp^a con la qual y no de otra man^a se le de este testimy^o q pide sy lo quiede e lo firmo de su m^o psentes por al^o de enzinas y esteban de vallejo vzs^o desta ciudad.

pso Ante my brme gs^o scrivano puc^o y del cab^o.

E despues delo suso dho jueves catorze dias del mes de marco del dho año yo el dho scribano notefiq el dho abto de resp^a al dho Gaspar de ortigosa en su psona elqual dixo q pedia el testimonio como pedido lo tiene ts^o brme delamarilla tenye de gobor y po mendez vzs^o desta ciudad.

Documento N° 5

Cristóbal Alderesco pide información sumaria sobre el motivo de la muerte de Doña Elvira de Carbajal y el cura.

Num. 428. a f. 5. N. E.

martes X de ot.e de 1566.

X°bal aldereño estante enesta ciudad por virtud del poder q. ante el presente escrivano dl capitán Ruydias melgarejo dl q.l si necesario e hago presentación paresco ante Vm. y digo q.dro dl dho muy parte conviene tomar y esamynar a ciertos t.os q. al presente se van y absentar destas provincias los q.les si no declarasen adpertuan Rey memoria de sus dhos y declara gones con Jus° ante V.m. y se Retificasen en sus dhos su Just^a paresca por tanto por aquella via forma y manera q.de dro mejor lugar e io pido y Requyriendo las vezes q.dro soy obligado mande parecer ante si a los t.os q. por my le fueren nonbrados a los quales y nada uno dellos por si apurada y secretam.te mande declaren sus dhos y dipusiciones por las preguntas siguyentes.

primeramente si conocen al dho capitán Ruydias mergarejo y si conoció a doña elvira de carvajar y a ju° fer.des carrillo clérigo e donde los conocieron digan y declaren lo q. saven vieren oyeron dezir y si es pu.co y not°.

yten – sin saven vieron oyeron dezir y sea y tiene por cierto q. estando dho Capitan Ruy diaz mergarejo en la guerra del parana apaziguando y castigando en tierra de dho parana q. se avia lavantado el dho Ju° fer.des carrillo entrava y salía munchas vezes en casa dl dho capitán lo q.l otras vezes no acostunbrava e henbrava presentes a la dha doña Elvira digan y declaren lo saben vieron oyeron dezir e tiene por cierto.

yten – si saben los q.l dho Ju° fer.des carrillo dixo y publico a ciertas personas como el avia tenydo amores y caso carnal en ciudad Real con la dha doña elvira de caravajal muger del dho capitan Ruydias y la orden y manera q. tuvo pa ello y por donde entrava y salía y quien y como avia sido la causa dello y asi mesmo es saben los t.os ql dho padre carrillo decir e publicava q. la queria muncho y tanto q. no se podía apartar della y q. no sea mas en su mano digan y declaren los t.os lo q. saben vieron dezir y es pu.co e not°.

yten – si saben los q. siendo Reprendido el dho padre carrillo de munchas personas cerca dlos dhos amores y caso criminal q. tenya con la dha doña elvira muger dl dho capitan Ruidias y abisandole se guardase q. no lo supiese el dho capitan por q. lo mataria dixo el dho padre ql. queria muncho a la dha doña elvira y no hera mas en su [roto] de querella bien [roto] si saben t.os q. sienpre [roto] es digan y declaren lo q. saben oyeron dezir y tiene por cierto o an visto de este negocio.

yten – si saben los q. [roto] y entendido por algunas personas amigos dl dho padre lo contenydo en las preguntas antes desta hizieron y hordenaron ql dho padre carrillo se fuese deste Villa como se fue y echaron favor y dieron a entender al dho capitán Ruydias q. se yba el dho padre huyendo al peru por no cunplir lo

q. el obipo y su probisor le mandavanq. en yr a guayra por tierra y estar de baxo la mano de Ju° gracia q. hera vicario digan y declaren lo q. sabe vieron oyeron decir eneste caso.

yten – si saben los q.to de lo suso dho y cada cosa parte dello es p.co e notorio. publica boz y fama entre las psonas q. dello tienen noticia. y los dhos. t.os y cada uno de ellos dixeron y dipusiesen como dho tengo V. m. me lo mande dar y de en publica forma en manera q. haga fee pa lo presente en su tpo y lugar allí con dro deva y haziendolo ansi hara V. m. lo q. de dro es obligado lo contrario lo tomo por agravio e de negación de justicia e protesto contra V. m. y las biene lo q. protestar puedo e devo apedolo pos testimonio al presente esno y a los psentes ruego me sean testigos

X°bal caldereño.

Documento N° 6

Probanza de los méritos y los servicios de Francisco Ortiz de Vergara levantada ante la Audiencia de la Plata, en 1567.

Don Francisco Ortiz de Vergara, para defenderse de las acusaciones que se le hicieron en La Plata en 1567 cuando, siendo Gobernador del Paraguay, realizó su viaje al Perú para obtener del Virrey su confirmación, formuló una serie de preguntas para ser tomadas las declaraciones de los testigos. De ellas fueron tachadas algunas y otras contestadas.

Copiada la información en algunas partes, dice:

—Examínense por las preguntas siguientes los testigos q fuesen presentados por parte de francisco ortiz de Vergara en la ynformación que los señores presidente o oydores le mandaron que diese acerca delo que tiene pedido.

—1. Primeramente si conocen al dicho francisco hortiz de Vergara,

—2. Yten sy saben quel dicho francisco de Vergara a que esta en el Rio de la Plata veynte e syete años y vino en la armada de caveça de vaca muy bien aderezado de su persona e casa e criados y con muchos pertrechos de guerra conforme a la calidad de su persona como caballero hijodalgo,

—3. Yten sy saven quel dicho francisco de Vergara, juntamente, con toda la armada se desembarco en la costa del brazil, e vino por tierra hsta llegar a la ciudad del Asunción que es en el Rio de la Plata descubriendo y abriendo los caminos que es la distancia de mas de trezientas leguas con lo qual se pasaron munchos travajos por descubrir el camino y abrillo para que otros Españoles entrasen, &.

—4. Yten si saben que llegado que fue el dicho francisco hortiz de Vergara a la Asunción de ay a pocos días se hizo por mandado del governador caveça de vaca la guerra de los guaycurues y el dicho francisco de Vergara se hallo en enlla y syrvio en la dicha guerra e hasta conquistallos &.

—5. Yten sy saben que el dicho francisco hortiz de Vergara fue con domingo de yrala a la conquista de tavere, y en aquella conquista se hallo hasta que se apaciguo la tierra, &.

— 6. Yten sy saben que yendo el governador caveça de vaca a la Jornada del puerto de los Reyes ques de la ciudad de la Asunción trezientas leguas el rrio arriba, sirvio en la dicha Jornada y en la entrada de la tierra adentro, &.

—7. Yten sy saben que el dicho francisco de Vergara yendo yor capitán gonçalo de mendoça se hallo en la conquista de los yndios orejones en lo qual se pasaron muchos travajos de hombres, digan los testigos lo que saven acerca desta pregunta, &.

—8. Yten sy saben que después de vuelto desta entrada suso dicha de ay a pocos dias una noche prendieron los oficiales de su Magestad al governador cabeça de vaca, y sy saven que el dicho francisco de Vergara, juntamente con su hermano y otros amigos que el convoco salió a favorecer al dicho governador y por ser muncha la gente que llevavan los oficiales Reales no pudieron rresistirles, antes los oficiales Rales prendieron al dicho francisco de Vergara y a los demás amigos que llevava consigo y le pusieron al dicho francisco de Vergara unos grillos en la casa de Juan Burgos do estuvo munchos días preso, &.

—9. Yten sy saben que en saviendo que avia dexado su poder al governador caveça de vaca al Capitan para que governase aquellas provincias en nombre de su Magd. fue luego el dicho francisco de Vergara a su casa a serville y favorecelle en nombre de su Magd. y se hallo con el en su favor quando Felipe de caçeres le prendio con dozientos hombres que convoco para ello, digan lo que saven, &.

—10. . . . .

—11. Yten sy saven quel capitan diego dabrigo después de ser elegido por el pueblo de la Asuncion para su governador e Capitan de aquellas provincias mando hazer un navio para enviar a España a dar noticia a su Magd. de las cosas que avian subcedido en aquella tierra e mando al dicho francisco de Vergara fuese en el dicho navio a los Reynos de Castilla, y en la mar yendo con los dichos despachos se perdió dicho navio en unas peñas, quatrocientas leguas poco mas o menos del Asuncion y por hecharse el dicho francisco de Vergara en una Tabla, el y otros se escaparon y fueron en cueros hasta donde el armada avia quedado que se partia otro dia a la asuncion, y si tan buena mañano se dieranse perdieran todos porque quedavan en poder de los yndios. &.

Francisco hortiz de Vergara.

Archivo General de Indias, 1, 4, 12/17.
Colección Garay.
Revista del Instituto Paraguayo, Nº 26.

Apéndice

Documento N° 7

Probanza de los servicios del capitán Ruy días Melgarejo levantada en la Asunción en 11 de febrero de 1573 de cómo pobló y fundó La Villa Rica del Espíritu Santo donde había minas de oro.

En la ciudad de la assunción que es en el Rio del paraguay Prouincia del Rio de la plata miercoles onze dias del mes de febrero año del nascimiento de nuestro saluador jesuxpo de myll y quinientos y setenta y tres años este dicho dia ante El magnifico señor Juan delgado alcalde hordinario y de la hermandad en esta ciudad y en presencia de mi Bartolome gonçalez scriuano publico del numero y del cauildo y Regimiento en esta ciudad y de los testigos de yuso scriptos Parecio ay presente El capitan Rui diaz melgarejo natural de la ciudad de seuilla conquistador antiguo y Poblador en estas Prouincias y gouernaçion del dicho Rio de la plata y presenta ya scripto de Pedimento y Preguntas firmado de su nonbre su tenor de lo qual es El que sigue.
. . . .

1. Primeramente si conocen a mi El dicho capitan Rui diaz melgarejo y si tienen noticia del pueblo nombrado ciudad Real que funde en las Riueras de los Ríos del parana y piquiri y del pueblo que asi mismo hize y funde en el asiento de coaracibera nombrado El spiritu santo en el año de setenta e de las minas de pedreria e metales descubiertos en aquella tierra e comarca e Prouincia.

2. yten si saben creen y oyeren dezir e dello es publica bos y fama que estando y Residiendo yo El dicho capitán Rui diaz melgarejo por capitán y justicia mayor en el dicho de cibdad Real a venido a mi noticia q. cierto metal de las minas en la primera pregunta contenidas que fue llevado a los Reinos del peru se auia fundido y hallado ser cosa mui Rica por el oro que tenia e que desta cansa auia sido nombrado Por gouernador destas Provincias juan ortiz de çarate e que era ydo en españa a pedir a su magestad la confirmación. Por seruir a dios nuestro señor e a su magestad e por la que entendi que conuenia Para que con mas Breuedad llegado El dicho gouernador a estas Prouincias se pudiesen labrar y beneficiar las dichas minas e su magestad fuese seruido e ayudado de lo que dellas se sacase me parti del dicho Pueblo el mes de febrero del dicho año con quarenta hombres e cinquenta y tres cauallos armas e municiones e lo necesario para hazer e fundar vn pueblo junto a las dichas minas, digan etc.

3. yten si saven & que por ser la parte y lugar por donde se avia de hazer la dicha jornada sin camino e muy fragosa e montuosa e que no se podían llevar cauallos ni pasar por ellas sin hazer camino e Romper hasta quarenta leguas de bosques con gran diligencia y solicitud yo El dicho capitán hize Romper El dicho bosque e abrir e hazer camino Por donde se pudo yr y llevar lo suso dicho para poner en efecto la dicha población digan, etc.

4. yten si saven & que llegado que fui yo El dicho capitán con la dicha gente e cauallos al asiento de coaraciuera contenido en la primera pregunta en la parte y sitii que mejor me pareció para hazer yfundar el dicho pueblo ante todas hize hazer e se hizo vna yglesia e vna cruz la qual hize alçar e poner justo a ella dia primero de pasqua de Spiritu santo del año de setenta e después hize traçar El pueblo e rrepartir a la gente sitios e solares para casas e tierras Para su labrança y crianca e hize hacer vna fortaleza e casa fuerte de doziendo y sesenta pies de largo y treinta de ancho cuuierta de texa de pinos que es casa fuerte con su torreones e troneras e puse en ella alcaide en nombre de su magestad y dexe para su guarda y defensa veinte y quatro arcabuzeros e catorce cauallos con todo lo necesario segun la posibilidad que tenian digan &.

5. yten Si Sauen & que despues delosuso dicho hize asi mismo Roçar y Romper siete fanegas de sembradura de bosque para Roça de comun Para sembrar maiz e otros bastimentos sin lo mas que Rompieron e hizieron Roçar los vecinos Para sus Roças e sembrar coger bastimentos digan y declaren lo que acerca desto sauen y si sauen que vna hanega de sembradura de mayz es diez o doze de sembra dura de trigo.

. . . .

E lo que los dichos testigos dixeren o depusieren Por sus dichos y depussicionees pido a vuestra merced lo mande asentar sucesiva al pie deste pedimento e mande al scrivano ante quien pasare saque vn traslado de todo ello o los que mas le pidiere o ouiere menester e me lo de en publica forma en manera que haga fee Para lo Presentar ante quien viere que me cumple Para en guarda e conseruación de mi derecho a todo lo qual y cada vna cosa y parte de ello pido asi mesmo vuestra merced interponga su autoridad y decreto judicial Para que valga en juizio y fuera del Para lo qual y en lo necesario El magnífico officio de vuestra merced ymploro–ruy diaz melgarejo.

Apéndice

Depusieron sus respectivas declaraciones al tenor del interrogatorio propuesto por el interesado, los conquistadores y vecinos de Ciudad Real, Amader Méndez, Fernando del Villar, Diego Martín, Francisco Montañez, y Agustín Sánchez y Hernando Díaz de Adorno.

Documentos del Archivo de Indias, Nº 1447,4

Ramón Indalecio Cardozo

Documento N° 8

Cédula y encomienda de indios.
7 de Julio de 1575

—El adelantado joan ortiz de çarate caballero de la horden de señor santiago gorbernador capitan general justicia mayor e alguacil mayor en toda esta gobernación y prouincias de rrio de la plata nuebamente yntituladas las prouincias de la nueba vizcaya por la magestad del rrei don phelipe nuestro señor acatando que vos el capitan rrui diaz melgarejo a que rresidis en estas dichas prouincias treinta y cinco años poco mas o menos en las quales en todo el dicho tiempo abeis seruido a su magestad bien y fielmente en todo aquello que se ha ofrecido conbiniente a su rreal seruicio hallandos e conbenido de se hazer y en el castigo que se ha hecho a los indios naturales destas prouinçias rrebelados contra el seruiçio de dios nuestro señor y de su magestad otro si, como e sido ynformado con buestra diligencia e solicitud y firme zelo y deseo de seruir a su magestad poblastes la ciudad nombrada puerto rreal que es en las prouincias de guaira sobre el rrio que llaman el parana con excesibos y grandes trabaxos de buestra persona y gastos de vuestra hazienda conquistando como abeis conquistado todos o la mayor parte de los naturales de aquellas prouinçias hasta los traer al dominio rreal de su magestad y seruidumbre de los españoles vizimos de la dicha ciudad y ansi mesmo las casas que para vuetra morada en la dicha ciudad edificastes las distes e dedicastes despues de acabadas para fortaleza de su magestad otro si bos el dicho capitán rrui diaz melgarejo con el dixho zelo arriba dicho abeis procurado de descubrir como abeis descubierto mucho numero de metales de cobre en las dichas provincias en que se espera siendo dios seruido que entre ellos se hallara oro para que dios nuestro señor sea seruido ampliándose nuestra sancta fe catholica en aquellas prouincias poblandose otros pueblos en ellos y la corona rreal de castilla y leon sera mui seruida y asi mesmo en una de las partes adonde descubristes los dichos metales a vuestra costa e mincion edificaste y poblastes un pueblo y fortaleza nombrado el espiritu sancto a donde al presente e sido ynformado que se an descubierto minas de plomo y sera dios seruido se halle alli plata por que todo rredunde en su sancto seruicio y en el de su magestad y en bien y utilidad de todos los españoles vezinos estantes y abitantes en toda esta gobernación y prouincias y estar como estar fundado el dicho pueblo nombrado el espiritu sancto en el camino del Puerto de sant fran-

cisco donde con el ayuda de dios nuestro señor entiendo poblar o-
tro si vos el dicho capitán rrui diaz salistes desta ciudad en una carabela que en ella se hizo para dar auiso a su magestad de las cosas
sucedidas en estas prouincias e con temporal arribastes a la costa
del brazil a sant bicente pueblo del serenísimo rrei de Portugal en
el qual dicho pueblo supistes que yo con mi armada auia entrado
en el rrio grande del Parana y considerado como considerastes con-
benir tanto como conbino al se ruicio de dios nuestro señor y a mi
en su real nombre de benirme a socorrer como binistes en la dicha
carabela con grandes contradiciones del obispo y de otras personas
fue dios servido llegasedes como llegastes al puerto de sant grauiel
con el dicho socorro en tiempo y coyuntara que yo con toda mi
gente estaba en grande necesidad asi de bastimentos por los muchos naufragios que me auian sucedido como por la guerra con los
naturales de aquellas prouincias tenia en todo lo qual lo abeis fecho
como caballero e hijodalgo que sois fiel y leal vasallo de su magestad que sois zeloso de su rreal servicio e yo atento a lo que
dicho es y en alguna rremuneracion dello teniendo rrespecto al ser
y calidad de vuestra Persona en nombre de su magestad por virtud
de los rreales poderes que para ello tengo que por ser tan notoria
no ban aquí insertos y especificados os doy y encomiendo vn rrepartimiento de yndios en las dichas prouincias del guaira en que ay
trezientos y cinquenta y dos fuegos de yndios subjetos a los caciques de yuso contenidos en la forma y maneras siguientes

–Primeramente en la boca del rrio llamado piquiri seis casa cuyo
cacique se dize andres yui en que ay cinquenta y fuegos de yndios
mas en el mismo rrio del parana abaxo del salto siete casas de la
primera dellas es cacique joan ayarima que tiene diez y siete fuegos y de las otras seis es cacique tapiaita de las cinco que tienen
quarenta y nuebe fuegos y de la otra es cacique domingo erepachi
con cinco fuegos de yndios yten en el rrio llamado vuay siete casas
cuyo principal es gaspar tayaoba que tienen todas ellas sesenta y
ocho fuegos en el dichorrio mas abaxo en el primer salto otra casa
de yndios cuyo principal se dize miguel carachi que tiene diez fuego en el rrio delpiquiri arriba dicho vna casa de indios cuyo principal se dize francisco moroacen que tiene quarenta y cinco fuegos
en el rrio del paranapanem siete casas de yndios cuyo principal e
cacique se llama tacairuy destas siete casas en que ay ciento y ciete
fuegos se aparto otro al dicho principal con las dellas e con cinco
rrestantes se aparto otro cacique llamado vrumitin con el qual
salieron e se juntaron con el otros yndios de un rrio q se llama el
pirapo por manera que son por todos los dichos trezientos y cinquenta y dos fuegos para que todos los dichos yndios como dicho

es os sirvan y acaten rreconociendoos por la persona a quien son
encomenados con que seais obligado a guardar las hordenenças e
pragmáticas rreales que sobre el dicho rrepartimiento y encomienda de yndios estan fechas y las que yo en nombre de su magestad
hiziere y mandare publicar y ante todas cosas encargandoos como
os encargo el buen tratamiento y doctrina de los dichos yndios sobre lo qual es encargo vuestra conciencia descargando la de su magestad y la mia en su rreal nombre el qual dicho rrepartimiento de
yndios en la manera que dicho es os doi y encomiendo para gozeis
dellos por vuestra vida y por la de un hijo legitimo vuestro conforme y de la manera que su magestad tiene hecho merced de os
indios que se encomiendan en todas las yndias de mar oceano y
mando a todas y qualesquier juezes y justicias de su magestad asi
de la dicha la ciudad de la asumpcion de las dichas prouinças de la
nueba de toda esta dicha gobernación y prouincias que luego que
con esta cedula fueren rrequeridos que os metan y amparen en la
posesión corporal y actual del dicho rrepartimiento hasta tanto que
en tela de juizio seais conbencido so peno de trezientos castellanos
de oro aplicados por la camara e fisco de su magestad que es fecha
en ciudad de puerto rreal como de las demas ciudades villas y lugares ziscaya siete días del mes de julio del año del señor de mill y
quinientos y setenta y cinco el adelantado joanortiz de çarate por
mandato de su señora luis marques escriuano de gouernacion.

Colección de copias de documentos del Archivo de Indias, N° 393.

Ramón Indalecio Cardozo

Documento N° 9

Ruy Díaz Melgarejo otorga a Gil García carta poder para cobrar en Sevilla 100 ducados y 375 maravedís.

Asunción, septiembre 11 de 1575

Vol. 227, n. 23

Sepan quantos esta carta de obligación vieren como yo el capn Ruydiaz melgarejo conquistador antiguo de estas provas y governación del Rio de la plata nuevamente yntituladas dia bizcaya natural que soy de la cibdad de sevilla otorgo y conozco por esta presente carta que devo y soy obligado a dar y pagar a vos gil garcia, otro si conquistador antiguo en estas provas vez desta cibdad dla Asunción en el Rio dl paraguay natural de la Villade burgo juridicion dla ciudad de Ronda en los Reynos despaña y cassado en ella psente estais, conuiene a saber cien ducados de oro y justo pesso de trezientos y setenta y cinco Maravedis cada una de la Moneda usual y corriente en castilla los quales son por Razon de quynientas y sesenta varas de lienço de algodón dla tierra que de vos el dho gil garcia Rescibi tasadas y aprecidas en los dhos cien ducados para ayuda al aviamiento y despacho de cierta jornada q. con el ayuda de dios nro señor y en su santo servicio y en el dla Magd. dl Rey Don Phelipe nro señor voy hazer por mandato y con poder y comisión dl Muy Ylle señor el adelantado Juan Ortiz de çarate governador capitán general por su magt en estas dhas provincias y governación de las quales dhas quinientos y sesenta baras de lienço de algodon me doy y otorgo por muy bien contento entregado y satisfecho e thoda my voluntad y las tengo en el my poder y en Razon en la entrega que de psente no paresce renuncio la ecibicion de los dos años que ponen las leyes en derecho de la pecunia no vista ni contada ny Resebida ny pagada y las leyes de la prueba y de la paga y de los engaños como enellas y en cada una della al come los quales cien ducados de oro deste dho deudo yo el dho cap.n Ruidiaz Melgarejo me obligo de dar y pagar a vos el dho gil garcia y que por my os seran dados y pagados en la dha cibdad de Sevilla por my hermana doña Juana ortiz tenedora de mys bienes y hazienda que se los dio y entrego y dexo en su poder el capitán Franco ortiz de vergara my hermano y suyo, lo qual vive y mora en la dha cibdad de sevilla en la colacion de Sant Julian en caldebeato en la vezindad de diego cataño de carrança y frontero de las casas de Julano Morzillo y por la otra parte fulano bargas capeilan de la yglesia mayor y los dhos mys bienes y possesion que tengo en poder

de la dha doña Juana ortiz my hermana son dlos que me dexo doña
Beatriz de las Ruelas my madre y doña Francisca de Ribera my a-
buela y dho es os serán dado y entregados los dhos cien ducados
dentro de tres meses primeros siguientes que vos el dho gil garcia
llegaredes a la dha cibdad de sevilla o quien vro poder oviere e hi-
zieredes e hiziere demostración o...desta dha scriptura de obligación que assi en vro hago y otorgo y si dentro de termino de los
dhos tres meses no se os dieren y pagaren los dhos cien ducados
me obligo e assi messmo que por cada un dia que se dilatare la paga después de passados los tres meses se os dara y pagara un Real
de plata de los dhos bienes para ayuda de vra sustentación e gastos
y tenga y traiga tan desparejada execucion como el principal de los
dhos cient ducados y assi no se pagare guardare y cumpliere como
dho e bien y cumplidamente según q. va declarado y especificado
por esta carta y conella doy y otorgo poder cumplido y bastante a
todos qualesquier alcalde Juezes y Justicias de sus majestades assi
de la dha cibdad de sevilla como la de otras qualesquier partes y
lugares dlos Reynos despaña y de toda las yndias yslas y trra firme
de Mar occeano de qualquier fuero e juridicion que sean a quien
someto y obligo my persona y bienes y rrenuncio (roto) fuero o juridicion y domicilio y la ley si convineri de juridicion en omnium
judiciun para que si no otro por mi ser llamados ajuizio ny Reque-
ridos oydos ny veneydos sobre esta dha razon pagan e manden hazer entrega y execucion todos mys bienes muebles y Rayzes y se-
movientes do quier q. los yo aya e tenga y pertenezcan en qualquier manera y de su valor cumplan y paguen esta dha deuda en la
manera q. de suso se continene y declara a vos el dho gil garcia e a
quien como dho es vropoder viere con mas todas las costas que
sobre ello se siguieren y Recercieren bien assi y tan cumplidamente como si todo lo susodho fuesce contenidoen juizio ante juez
competente y fuere sobre ella dada sentencia definitiva y por mi
parte consentido y e quyto de my toda y qualquiera leyes fueros y
derechos partidas y pramaticas ebsenciones y libertades cartas y
privilegios y mercedes de que me pueda ayudar y aprovechar q. no
valgan ny aprovechen en esta Razón en juizio ny fuera del en tiempo alguno ny por alguna manera y especialmente Renuncio la ley
del dro dize q. cualquier Renunciacion de ley es sin dho no cale y
para lo ansi pagar y cumplir en todo y por todo segun dicho es o-
bligo my persona y todos mys bienes muebles y rrayzes avidos y a-
ver e quiero que desta escritura sean fecha [roto] y la una cumplida
y pagada que las otras o valgan en testymonio y [roto] la qual otorga la psente carta de obligación en la manera q. dha es antel escrivano puco del numero y del cabldo desta dha cibdad dla assumpcion y testigos de yuso escriptos y lo firmo de my nombre q. fue

fecha y otorgada en la dha ciubdad della assumpcion Domingo onze dias del mes de setiembre año de nacimiento de nro salvador Jesus Xpo de mill y quinientos y setenta y cinco años y el dho capn Ruidiaz melgarejo al qual yo el dho escivano puco doy ffee q. co-nozco y q. es el propio otorgante desta oblgación y se llama asi lo firmo de su mbre en este Registro desta caeta siendo presentes por testigos al dho otorgamiento llamados y Rogados Juº de Valderas scribano ppuº desta ciudad y pero diaz piloto mayor dela armada dl sor adelantado y baltasar moreno vezino de sevilla en triana y martin guerra estante en esta cibdad.

Ruidiaz Melgarejo, brme ges

Ruano, esno puco y y del Cabº

Ramón Indalecio Cardozo

Docuento Nº 10

Carta de Ruy Díaz Melgarejo a su hermana Juana Ortiz Melgarejo, residente en Sevilla.

Septiembre 22 de 1575

Vol. 227 N° 28

muy magnifica Señora

De muy hermano franco ortiz de Vergara q. aya gloria Receby una carta vra md. en la cual vide q…que dava bua por lo qual doy gracias a Dios nro señor y, de avra m…q. le sirva la carta Receby aunq…y en ella vide q. vra md. queria y era su voluntad q. yo Recogese a su hijo don anyaño de Añasco yo ansi lo hize aunq. mucho quisiera q. pues estava con el Duque q. puedo hago y hare porq. no venga a lo q. otros de su…an benido a parar my hermano q. aya gloria me dixo q. avia Recibido de mi señora doña beatriz de las Ruedas q. aya gloria my madre y lo q. me cupo de my señora doña Francisca de Ribera my abuela q. aya gloria y lo avia puesto en poder de vra md me hara de alq. la la presente…la hagan muy buen acogim.eo porq. es muy grande my amigo y el me a socorrido en dando lo q. a podydo y agora de nuevo me a socorrido para un cierto viaje q. con el aquda de Dyos pienso hazer donde…dado del adelantado Juan Ortiz de çarate a unas ciertas minas q. yo e descubierto de oro y plata donde tenemos creydo q. ay mucha Riqueza y para a viarme la dha jornada me dio el señor gil garcia q. la presentelleva ciertas varas de lienço para conellas…las cosas necesarias para my Jornada el qual lienço se aprecio en cien ducados los quales vra md me la hara enviendo la obligación mya q. el lleva de dárselos luego y suso los hubiera venda de lo de my hazienda lo q. le pareciere q. basta para encumplimyento dellos y si el en persona no fuere al q. su poder llevare sin pleito ny enbaraço ninguno porq. esta es mi voluntad al señor p0 serrano escribano q, al presente no los ubiere q. se los de su merced y q. se ven…pocos trabajos por q. my hermena q. ay…Le tray a my regalado nro señor q. el va tal como yo queria q. fuese my ermano que ay gloria avra md. como yo avia sido casado ube en my muger cinco hijos tres mujeres y dos onbres de los varones el mayor de diez y siete años q. llevara conmygo a España en Sant Vicente se me quedo metydo en el monasterio de la orden de Jhs de las mugeres la mayor que tenya diez y ocho años se murio y la mas chiquita la otra case con un caballero mancevo de esta cibdad q. se dice don gonçalo de guzman el otro varon se llama graviel melgarejo q. el q. la presente escribe el qual besa las manos de vra md. y q. la señora su prima las sobrinas de vra. md. q. my hermano q. aya gloria dexo q.son tres legitimos y los otros bastardos todos están en poder de su...doña maryna de yrala todos q. van buenos y q. besan las manos a vra. Md...a pariente magnifico porq. a un una...parece q. es mal gastada nro señor la muy magnifa persona de vra md...como por vra md. es deseado desta cibdad de lasumpcion a veinte y dos de septiembre de 1575 años.

Las magnificas manos de Vra md. vesa su hermano y servidor
Ruy diaz melgarejo

A la muymage^a señora doña Juana Ortiz melgarejo my hermana y señora.

Documento Nº 11

Carta de Ruy Díaz Melgarejo a Vega, residente en Sevilla.

Septiembre 23 de 1575
Vol. 227 Nº 28

Ylustre señor
muy corrido e estado y quedo de no aver tenydo una carta de vra
md. q. poder ya decir el refrán q. dize aunq. somos negros etc porq.
viviendo aca my hermano y lo de vra md. bien fuera q. yo tuvira
alguna carta ansi de vra md. como a todos los demás parientes
suyos dare aqui quenta a vra md. como a my señor de alguna cosa
y si fuere largo vra md. me perdone porq. como son cosas de tanta
ymportancia abreviallo ny ser tan breve q. no sea largo lo primero
es hazer saber q vra md. como yo estoy bueno gracias a nro señor y
de salud de vra md. y de su sobrina me a olgado muncho ruego a
nro señor q. siempre sea ansy de my hermano francisco ortiz y de
su hijo de vra md. q, ayan gloria supe q. alla pasaba de su hijo de
vra md…y de ud espada y dos quintales de hierro q. me dixo q. vra
md. me los emviava beso a vra md. por ello muchas vezes las
manos.

Vra md. ade saber q. estando yo en un pueblo q. se dize ciudad
Real q. abra q. lo funde de veynte y dos añs dedicando de poblar
otro pueblo de sesenta leguas de ally q. se llama el spritu santo
donde alle ciertas minas de meta…y llevaron al peru y hallaron
tener muncho oro y despues aca se an hallado muchas mynas de
plomo y cree aver plata y por no aver quien sepa sacar ny beneficiar do se a sacado por q. los q. traya el adelantado Frano ortiz de
çarate que no sabían sacar los dos se losmataron en ciertas Re-
friegas q. ubo con los indios estando aparejado para yr apoblar otro
puerto de mar q. se dize Sant Frade.o. llegaron cartas de la cibdad
de la assumcion q. es en paraguay cabeça destas provinçias de como el teyente q. l señor adelantado Juan ortiz avia embyado del peru q.se llamava felipe de caçeres el obispo destas prouinciasloa tomado prezo, diciendo q. avia traydo en ciertos casos tocantes al
santo oficio el q. a la sazon pusieron para q. mandase y governase
aquesta provincia fue myn suares de toledo el qual me envyo luego
carta en q. me rogava q. vinyese a los que asi con ver yo al servicio
de su magd y el obpo por su parte…felipe de caçeres avia manos
sino fue arrivar…del Brasil…en un puerto q. se dize San Vicente
donde estando en el puerto vino un navio de españa de la qual su-

pimos como el adelantado Juan ortiz de çarate y my hermano q. aya gloria avian pasado de las yslas de caboverde y luego supimos de otro navio como una navio q. se dezia el pataxe se avia apartado del armada y avia venido a la costa del brasil a un puerto q, se dice el Ryo de ganero y estando para yr los busc ar para ynformarme dellos donde avia ydo el armada a ynvernar porq. era ya pasado cristianos del pataxe aviendo perdydo el naio de las quales supe el tpo de poder embarcar y entrar por la boca del Ryo llegaron los como venyan y la necesidad q. trayan acorde asy abuscarlos pareciéndome q. asy convenya al servicio de su magt por do llevar navios ny onbres q. supiesen el Ryo donde los halle dexando al Obpo y a felipe de caçeres en Sant Vicente aparejándose para yr en una nao q. estava en Sant Vicente dando carena para yr a españa como fue llegado a Sant graviel q. es dentro en el Ryo q. abra diez y nueve dias q. le avran muerto ciento y veinte onbres los yndios y como my llegada todo se remedyo por q. luego a Raze la caravela y fuy por el Ryo arriba y la cargue de basimentos y...Remedyo el trabajo en q. estaban y con ello el governador fue socorrido...del paraguay quando llege a Sant graviel halle a my hermano q. aya gloria bueno y a Rodrigo Serrano q. aya gloria muy malo q. siempre desde españa me dizen q. lo vino...dos meses después q. yo llege my hermano enbio cinco meses después que llegue dexo Rodrigo Serrano lo q. traya a my hermano a my me dexo q. no avra querido vender ninguna cosa de lo q. alla tenga por q. le parecía q. yo no podya dexar de yr a españa por cierto caso alq. la presente...la hagan muy buen acogim es porq. es muy q. aca me avia acontecido y para q. tubiese q. gastar avia querydo tocar en ello y q. lo avia sacado del poder de los hijos de hernando ortiz my hermano y lo avia puesto en caveça de doña juana my hermana el señor adelantado me mando q. me aderesase q. avia de yr con cierta gente a poblar aquel puerto de mar q. se dize Sant Franco por q. asi conviene al servicio de su magestad y para yo aviarme de las cosas necesarias me ...cien ducados en lienço desta tierra al q. le presento...el cual me a hecho muy...no tan solamente enesta sino en otras q. e tenydo necesidad me a ayudado con su hazienda aunque yo se lo e pagado al...afaborecido con la ya dho el lleva una obligación suyo suplico a vra md. q. diga a doña Juana ortiz my hrmana q. vista la obligación le pague los dhoscien ducados y para ello venderá lo q. hallare ser myo hara en cumplimiento de lo ya dho y si vra md. me lo quizire hazer por el q. la presente lleva no se detenga muy grande la Recebire en q. vra md. se los de envediendose vra md...la señora my sobrina veso muchas vezes las manos y q. si...las avia desta ciudad de la assumpcion a veinte y tres de setiembre de 1575 as.

Apéndice

Yllustro señor veza a vra. md. las manos su muy at° servidor.
Ruydias melgarejo.

Ramón Indalecio Cardozo

Documento N° 12

Probanza fecha en la villa de Spiritu Santo del descubrimiento de las minas d' yerro t trauajo e industria del capitán Rruy Diaz.

4 del mes de septiembre de 1578

Muy magnifico señor capitán Ruy diaz melgarejo en la forma mejor que a lugar de derecho ante vuestra merced Paresco y contanto el caso digo que en el año próximo passado E Presente de setenta y siete y setenta y ocho yo he pasado gran trauajo spiritual e corporal Por el Remedio desta tierra en descubrir minerales de yerro y sin yndustria de maestro sacarlo en limpio lo qual he trauajado con mi propia persona sin ser enseñado por el Remedio e perpetuidad de todas estas Provincias de lo qual se sigue alliende de lo principal que es el ensalsamiento de nuestra santa fee catholica en ellas y gran vtilidad a todos los vezinos y por ser Remedio de todos en tan gran necesidad e penuria como auia del dicho hierro por ser El Rescate e moneda que se vsa en esta tierra e carecer como carecían muchos de vna cuña e vn cuchillo Para traer leña e seruicio de su casa se sigue a la magestad Real de castilla e león auer hecho gran seruicio Por las Razones que tengo dichas e por el augmento del patrimonio Real por la gran esperança que se tiene desta tierra ansi de metales de oro e plata como de las piedras claras de coco y de Rios solticas que en ela ay e por estar la tierra tan necesitada que a no uenir esta merced de la mano de dios no se si se pudiera conservar dos años por lo qual doi a su magestad y misericordia muchas gracias en auer querido aplicarme el trauajo de tan conuiniente Remedio contra la opinión y ynposibilidad que hazian todos a uer y sacarse hierro en esta tierra e de presente sacarse sinquenta libras de quatro arrobas poco mas o menos de piedra en vu horno de quarta poco mas en quadra con vnos fuelles pequeños a la qual fama an acudido y acuden muchos yndios mui desuiadoa e que nunca hasta agora vinieron al seruicio de los xpianos Por lo qual todo ser como dicho tengo quiero hazer dello nva memoria e ynformacion Pro me aprovechar della quando me conuenga por tanto.

A vuestra merced pido e suplico Reciva juramento de los testigos que presentare e sus declaraciones acerca del ynterrogatorio en las espaldas deste mi pedimento scripto y hecha la dicha ynformacion Para fuerza e ualor della mande vuestra merced criar vn fiscal e darle traslado Para que busque contradicción alguna que en la dicha yaformacion aya contra dichos e personas de testigos o en qualquier manera para lo qual y en lo necesario el mui magnifico officio de vuestra merced ymploro e pido justicia–e lo firmo en el Registro desde pedimento. Rui diaz melgarejo.

Declararon amador Mendez, Alonso Benítez, Francisco Pérez, Maese Lorenzo Menaglioto, Nicolás Colmán, Esteban estamatey Juan Merino contestes al tenor del interrogatorio presentado por Melgarejo cuyo contenido es el mismo de la presentación. La información se hizo ante el alcalde García Basquez de Baldez y el escribano Alonso de Ontiveros.

Documentos del Archivo de Indias N° 1447.5.

Documento N° 13

Petición de tierras en Tobatí para una estancia.

Septiembre 22 de 1587

N. 322 a f. 46 N. E.

Muy Ylle señor.

En la ciudad de la asunpcion cabeca de las provi.as del rrio de la plata en veinte y dos días del mes de septiembre de mill y quiny.os y ochenta y siete años. Estando juntos em cabo los muy Yll.es señores Justa y rregimyo que de yuso firmaron sus nombres según lo ande uzo y costumbre por ante my diego g.os de s.ta cruz esno pu. co y del cabo andres nuñez portero presente por dl cap.n Ruidiaz melgarejo la pet.on siguiente.

Ruy diaz melgarejo digo que aura cinco años Poco mas o menos tpo que estando en la Villa Rica del spiritusanto q. yo funde vista la falta que en aquella tierra avia de ganado vacuno y para que mejor se pudiese sustentar thoda la gente de aquel pueblo y del primero que asi mismo funde en guayra enbie a hernando melgarejo my hijo con algunos naturales de aquella tierra a esta cibdad de la asunpcion y llegado a ella compro ciento diez cabeças del dho ganado vacuno de andres venites de baltazar de caravajal y de otras personas y llevándolo para la dha tierra justamente con otros compañeros que asi mismo llevaran ganado en llegando de la otra vanda del Rio de tovati se quedaron al dho my hijo setenta Reses grandes y chicas y alos demás se les quedociertaparte de lo q. llevavan a donde an estado hasta agora en parte q. ningun otro ganado de otro pueblo a pasado alla y a causa de no aver fho una estancia y corral a donde se pudiese Recoger y encerrar para herrar lo que uviere multiplicado y no estuviere herrado para pagar las decimas de thodo ellos po tanto a V. S. pio y sup.co me mande dar licencia y facultad a my y aquien my poder tuviere de para q. pueda tomar el canpo y sitio necesario para la dha Estancia y corral y los demás edificio q. fueren necesario hazerse para que como esta dho se pueda Recoger y encerrar el dho ganado y se pueda herrar y acudir con la decima a la persona o personas a quien son o fueren Rematados los tales diezmo en lo qual demas que de Rescevir la merced será para en aumento de Rentas del Rey y santa yglesia para lo qual &a.

Ruy diaz melgarejo

presentada y leyda la dha pet.on e visto por su señoria dixo que a-
tento los notorios meritos y servicios ql dho Cap.n Ruidiaz melgarejo a hecho a su mag.t enesta conquista q, por ser tan notrios no
van aquí yncertos en n.e de su mag.t daban y señalavan al dho
cap.n Ruidiaz melgarejo una legua de tierra en quadra en la parte y
lugar en donde anda el dho ganado como se contiene en la dha
pet.on para lugar de su estancia corrales y edificios y todo lo demás que quisiere y tuviere siendo sin perjuicio de tercero e yndios
y lo firmaron de su nombres. Licen.do Juan de torre de vera. fr.co
denzina. Simon Jaque. g°.casco. No firmo Ju° delgado por la falta
dla vista. paso ante my Diego g.os Ruano. scrino pu.coy del cav.
do.

Apéndice

Documento N° 14

Testamento del Capitán Ruy Díaz Melgarejo, hecho en Santa Fé el 5 de octubre de 1595.

—En el nombre de dios amen sepan quantos esta carta vieren como yo El capitán Rui diaz melgarejo natural de la çiudad de Seuilla hijo legitimo de francisco de uergara y de doña Beatriz de las Ruelas vezinos de la dicha ciudad y villa Rica del spiritu santo Provincias de guaira y gouernación del Rio de la plata –dixo que si Para la expedición y alimentos del cuerpo humano Pone El hombre en este mundo toda la diligencia posible quanto con mayor Razon la deve poner Para conseguir el camino y carrera de la saluaçion y que El alma goze de la gloria Prometida Por nuestro señor y creyendo como firmemente creo en la santissima trinidad Padre hijo y spiritu santo tres personas y un solo dios verdadero que viue y reina Por si siempre jamás e ynbocando como ynboco a la gloriosisima y siempre Virgen sancta Maria y madre de dios sea mi yntersesora con su Preciosísimo hijo mi señor jesuzpo y a los bien aventurados apostoles sant Pedro y san pablo asi mesmo intercedan Por mi a nuestro señor mi anima perdone y con deseo de la saluar y mis herederos en paz y en concordia dexar otorgo y conozco que hago y ordeno este mi testamento y postrimera voluntad en la forma y manera siguiente.

—Primeramente mando mi anima a dios nuestro señor que la lo y Redimio con su preciosísima sangre y mi cuerpo a la tierra de que fue formado.

—yten mando que siendo dios nuestro señor seruido de me lleuar desta presente vida mi cuerpo sea enterrado en la iglesia del bienaventurado san francisco desta ciudad en la sepoltura en que esta enterrado mi hijo don gonzalo martel de guzmán que dios aya y acompañen mi cuerpo los frailes que vuiere en el dicho conuento y la cruz y cura de la yglesia mayor desta ciudad y se de de limosna lo acostumbrado.

—yten mando asi mesmo El dia de mi enterramiento me acompañen la cofradia de nuestra señora del Rosario y de la concepción de que soy hermano y se de de limosna lo acostumbrado.

—yten mando que El dia de mi enterramiento si fuere ora o sino otro dia después se me diga vna misa de Requien cantada con su vigilia de tres lectiones y Responso sobre mi cuerpo o sepultura y se de de limosna lo acostumbrado.

—yten mando a las mandas forçosas vn peso.

—yten mando que se me haga vn novenario de nueve misas de Requiça y vna cantada con su vigilia de tres leçiones y Responso sobre mi sepultura y se de de limosna lo acostumbrado.

—yten mando que se me haga vn cabo de año con vna misa de Requien ofrendada a la uoluntad de mis aluaceas y se de de limosna lo acostumbrado.

—yten mando que se digan mil Resadas Por las animas de las personas a quien soi a cargo las quales misas se digan en la parte y lugar al y tiempo que a mis aluaçeas les pareçiere asi en los conuentos de españa o del brazil o destas Partes Por los saçerdotes que a Ellos les pareçiere y se de la limosna dellas auiendode mis bienes de que pagar la dicha limosna y no hallando los dichos mis aluaceas la quantidad bienes que congruamente Bastaren para pagar la dicha limosna digan las misas que en la cantro hallaren menos y no auiendo nada con que pagar la dicha limosna quede a su disposición y voluntad dellos y en que toca a hallar los dichos bienes sean creidos y satisfagan con solamente su palabra sin que sea necesario otra prueua ni diligencia alguna Porque en lo que toca a esta clausula lo dexo a su disposición y voluntad sin que persona eclesiástica ni seglar tenga que ver ni Entender si cumplieron o no.

—yten dexo y doi a mi hijo natural Francisco de guzman Por ser como es mi hijo y auerme seruido con el amor y voluntad que a mi su padre deuia y por auerme sido siempre mui obediente, le doi mi arcabuz con sus adereços y mi espada y daga y celada con buena y entera voluntad d que quisiera dejarle otra cosa de mas importancia Por el amor que le he tenido y tengo y mando no se las quiten pida ni demanden Por quanto yo se las doi y se lo deuo en amor y voluntad.

—yten declaro que yo he tenido y tengo en las ciudads de arriua en las Provincias de guayra como poblador y conquistador y que corri y conquiste dellas mas de trescientas leguas de modo que un hombre uya al brazil libremente, como parecerá Por las ynformaciones y Recaudos que dello, tengo, en mis papeles, los yndios, chacras, quadras, solares, estancias que por las dicha çedulas y Recaudos Parecieren y Por las traças y fundaciones que fize de dichas ciudades todas las cuales doi y dexo al capitán manuel de frias mi yerno como pues de cobrado adquiridi y juntado hara y cumplirá lo que con el yo vuiere comunicado o yo le dejare en memoriales.

—yten declaro que yo he y tengo en los Reynos de españa los bienes herencias herederadas y posessiones, sensos, tributos y otras qualesquiera acciones que por testamentos, mandas, cobdicilos, scripturas, alualaes, conocimientos libres Parecieren auerme dexado mi Padre y madre y otros qualesquiera deudos en poca o en mucha quantidad y por qualquiera via y Razon me pertenezca, de lo qual he dado poder en forma al capitán manuel de frias para lo cobrar, mando y es mi voluntad que vaya en persona o enbie a los Reynos de españa ciudad de Seuilla y aldea de salteras donde an de estar los dichos bienes que me pueden pertenecer y los aya y cobre de la persona o personas en cuyo poder Estuvieron y para la cobranza dello saque los testamentos y Recaudos y mandas a mi fechas y los aya y herede para si conforme a la confiança que del tengo y la comunicación y Recaudo antes clausula scripta.

—yten declaro que yo he poblado y fundado las dos ciudades Real y villa Rica del spiritu santo en las dichas Prouincias de guaira en las quales fundaciones y Poblaciones he hecho muchos y muy calificados servicios al Real nuestro señor asi en la conquistay conuersion de los naturales como en el descubrimiento de muchas minas de cobre y piedras que tienen oro en la dicha Provincia las quales tengo Registradas en el cabildo y por los Recaudos y Papeles que tengo en mi poder Por los quales servicios he pretendido y Pretendo que sus magestad meaga muchas mercedes como de los dichos seruicios su magestad es ya informado y sauidor los quales papeles y Recaudos los doi dexo y mando al capitan manuel de frias Para que los junte y con ellos acuda a su magestad y las mercedes que yo he pretendido y pretendo. Por los dichos mis seruicios los aya y herede El dicho capitán manuel de frias y las pretendas y aya Para si mesmo como yo las pretendiera y huuiera para mi propio Porque yo desde agora Para en todo tiempo Para siempre jamás le cedo y traspaso y dono las dichas mercedes que su magestad me avia de hazer a mi Por los dichos servicios dellos le hago gracia y donación pura perfecta ynrevocable que El derecho llama entre vinos y partes presentes.

—yten declaro que yo he y tengo vna estancia de la otra vanda del Rio del touaty en la assuncion que tiene una legua de tierra en quadra en la qual tenga mucha quantidad de ganado y porque mi hijo hernando melgarejo natural me las ayudo a llevar y trauajo y hizo en ello todo lo que yo le mande y en lo demás me fue obediente por lo cual quiero y es mi voluntad que la dicha estancia y bacas que en ella huviere y parecieren ser mias las ayan y hereden y Partes Por yguales partes ysauel y Beatriz melgarejo mis nietas hijas del dicho mi hijo hernando melgarejo y Ruego y encargo al capitán manuel de frias tenga a cargo las dichas mis nietas y las case conforme a su calidad.

—yten mando quiero y es mi voluntad que todas las deudas que pareciere yo deuer y vinieren pidiendo asi por scripturas como alualaes y conocimientos e ynformaciones hallando ser verificadas y auiendo bienes de que se puedan pagar y cumplir se paguen y cumplan por que asi es mi voluntad.

—yten declaro que yo he tenido y tengo mis hijos legitimos de legitimo matrimonio auidos en doña Eluira de caruajal mi legítima muger que dios aya, el Padre Rodrigo ortiz melgarejo Provisor e vicario general deste obispado y a doña ysauel de carvajal viuda muger que fue del capitán din gonzalo martel de guzman que dios aya y a gabriel melgarejo difundo que dios aya a los quales les he dado mis bienes en vida y les he sastifecho y cumplido de mi hacienda en lo que he tenido y Ruego y encargo se aya hermanablemente con ellos El capitan manuel frias como persona quien tengo entera sastifaccion.

—yten declaro que si parecieren algunas deudas que me sean deuidos se cobren.

—yten mando que cumplido y pagado este mi testamento en todo y por todo como en el se contiene lo demás que pareciere ser mio y me pertenecer asi en las dichas ciudades del guaira como en los Reynos de españa y otras partes los aya y herede El capitán de manuel de frias Por quanto tengo del confiança que ha de acudir fauorecer y ayudar y amparar a mis nietos e hijos como con el he comunicado y tratado y le Ruego y encargo los tenga a su cargo y mire por ellos y les acuda como yo tengo confiança de su persona.

—yten nombro Por mis aluaceas y testamentarios al dicho capital manuel frias y al capitán hernandarias de saauedra y a mi hijo francisco de guzman a todos tres juntamente y a cada uno de por si ynsolidum les doi poder cumplido en forma tanto quanto de derecho puedo y deue valer y en tal caso se Requiere Para que entren y tomen de mis bienes tanto quantos bastaren Para cumplir y pagar este mi testamento y lo en el contenido, con tanto que venido que sea el dicho capitán manuel de frias a esta ciudad de la assumpcion el solo quiero y es mi voluntad sea el dicho capitán aluacea y tome en cargo El cumplimiento deste mi testamento dejando como dejo en su honrra nobleza y buena fama al dicho capitan hernandarias y a mi hijo francisco de guzman Por quanto yo tengo comunicado con el dicho manuel de frias lo que deve hazer.

—yten Reuoco y anulo doi Por ninguno e de ningún valor y Efecto todos E qualesquier testamentos mandas y codicilios que en qualesquier tiempo yo aya fecho asi por scripto como de palabra los quiero que no valgan en juicio ni fuera del saluo este que al presente otorgo ante El presente escriuano el qual quiero que vlga por tal mi testamento o por codicilio y mi postrimera voluntad o por aquello que vuiera lugar de derecho ques fecho u otorgado en la dicha ciudad de santa fee gouernacion del Rio de la plata en la casa morada de doña ysauel de caruajal viuda mujer que fue del capitán don gonzalo martel de guzman difunto que dios aya en cinco días del mes de octubre del año del nascimiento de nuestro saluador y Redemptor jesuxpo de mil y quinientos y nouenta y cinco años y el dicho otorgante que yo El serivano doi fee que conzco lo firmo de su nombre en el Registro siendo testigos a lo que dicho es juan de enzina y pedro de alcaraz vecinos desta ciudad y geronimo perez y phelipe lopez residentes en ella Ruiz melgarejo Paso ante mi francisco perez de burgos scribano de su magestad

Documentos del Archivo de Indias N° 1446,2

Ramón Indalecio Cardozo

Documento N° 15

Probanza hecha en Santa Fé a pedido del Capitán Manuel Frías el 6 de mayo de 1602.

—En la çiudad de sancta fee de la gouernacion y prouinçias del Rio de la plata en seis dias del mes de mayo de mil y seisçientos y dos años ante juan sanchez vezino desta ciudad alcalde ordinario en ella Por el Rey nuestro señor y Por ante mi El serivano ynfrascripto la presento el contenido.

—El capitan manuel de frias vezino desta ciudad marido y conjunta persona de doña leonor de ortega y guzman mi muger hija legitima del capitán don gonzalo martel de guzman nieta del capitán Ruy diaz melgarejo que dios aya digo que yo tengo fechos muchos y notorios servicios a dios nuestro señor y a la catholica magestad en esta Prouincia y especialmente en esta ciudad en el tiempo que he vsado los cargos de lugar theniente de gouernador justicia mayor y capitán de guerra acudiendo a la pacificación conquista y allanamiento de todos los naturales della de tal manera que desde su fundación no an estado los naturales indios della tan Pacificos ni an acudido con tanta puntualidad al servicio de sus encomenderos como en el tiempo que he vsado los dichos cargos haciendo muchas Reduciones y Pueblos a los dichos indios haciendoles hacer sus yglesias y cimenteras Para que estén en la pulicia y doctrina que su magestad manda y en los dichos cargos que por tiempo de cinco años poco mas o menos he vsado he acudido a pagar toda la obligación que por Razon De los dichos cargos de capitán y justicia mayor deuia vsado Bien del dicho officio fielmente guardando el seruicio de dios nuestro señor y su magestad y El bien comun de toda esta dicha ciudad guardando el derecho a las partes sin estipendio ni salario alguno y finalmente acudi a todo mi leal poder y por Razon del dicho officio como dicho es no he Reciuido salario ni acostamiento, ni he consentido a mis oficiales lleuasen mas derechos de los que heran deuidos Por el aransel desta dicha ciudad y asi en la Residencia que se me tomo Por don diego Rodriguez de valdez y de la banda gouernador desta Prouincia fuy declarado y dado por buen juez y que su magestad me deuia hazer merced como consta desde testimonio de la dicha sentencia que presento en vrtud de la qual El dicho gouernador me boluio a nombrar en los cargos de justicia mayor y capitan de guerra y los he exercido y al presente Estoi exerciendo gastando todo quanta hacienda tenia y he adquirido solo por seruir a su magestad de manera que como los dichos officios ao tienen aprouechamientos he uenido a mucha Pobreza y en ningún tiempo he deseruido a su magestad antes he acudido con la fidelidad que deuo como hijodalgo y leal vasallo suyo en todas las ocasiones que de su Real seruicio se an ofrecido y asi mismo El capitán don gonçalo martel de guzman mi suegro siruio en los dichos cargos y acudió a las dichas conquistas y Pacifiçaciones de los dichos yndios naturales con grande puntualidad y zelo del seruiçio de dios nuestro señor y de su magestad vltra de lo qual El capitán Ruy diaz melgarejo que en gloria se agüelo de la dicha doña leonor de ortega y guzman mi muger hizo asi mesmo grandes y calificados seruiçios a dios nuestro señor y a la catholica magestad asi en ytalia siruiendo mas tiempo de cinco años al emperador nuestro señor de gloriosa memoria como en esta Prouincia en la qual continuo El Real seruiçio mas tiempo de sesenta años en la pacificación y conquista de todos los naturales de toda la dicha Prouinçia y especialmente en la poblaçion y conquista que hizo en la Prouinçia de guaira donde Poblo y fundo dos çiudades en gran serviçio de dios nuestro señor y de su magestad Prouinçia donde ai gran suma de yndios los quales con su industria y trauajo truxo al conocimiento de nuestra sancta fee catholica y a la obediencia Real todo a su costa y Propia mision y siendo Persona de tanto Respeto y de tanto valor cauallero hijodalgo notorio fue Elegido por el cauildo de la ciudad de la assumpcion Por procurador general desta Prouinçia a los Reinos de españa y en el Progreso de la dicha delegación vino a su noticia auiendo llegado a la costa del Brazil que El adelantado juan ortiz de çarate hacia pasado con la armada de gente que traia para El gouierno de Esta Prouinçia con extrema necesidad y tanta que se le moria de hambre la gente que traia y el dicho capitan Rui diaz melgarejo como Persona tan selosa del servicio de dios nuestro señor y de su magestad le parecio convenir mas socorrer al dicho gouernador y armada que continuar El dicho viaje y Procuracion y asi uendio toda su haçienda y la transmuto en bastimentos en la costa del brazil y uino con su nauio cargado dellos al socorro del dicho gouernador y armada con lo qual ceso la grande necesidad de Bastimento que traya y auiendole muerto y capturado al dicho gouernador ciento veinte hombres pocos días antes que El capitán llegase los naturales yndios de aquella costa El dicho capitán Ruy diaz melgarejo con su buena yndustria y a costa de su propia hazienda Rescato veinte hombres de los dichos captiuos que los tenían Para comer los dichos yndios con que fue nuestro señor servido y su magestad de mas de lo qual el dicho capitán Ruy diaz melgarejo sustento y socorrio toda la dicha armada buscando Bastimentos para ella con su buena yndustria y diligencia y metio toda la dicha armada en el puerto de sant saluador

Apéndice

donde se poblo y fundo una ciudad y de allí traxo continuando el dicho sustentoa toda la dicha armada hasta llegar con ella y El dicho gouernador a la ciudad de la assunpcion El qual auiendo tenido notiçia que la prouinçia de guaira Estaua con algun bulliçio y mucho de los naturales alçados y Reueleados despacho al dicho capitan Ruidiaz melgarejo con titulo de capitan general de la dicha Prouinçia Para que la apaciguase quietase y sustentase sin darle ayuda de costa alguna y el dicho fue Por mas seruir a su magestad quieto y pacifico no solo los uezinos de la dicha Prouinçia sino tambien los naturales de toda ella y descubrió muchos metales de cobre y hierro y acero que fueron de mucha ynportança en toda esta Prouinçia por la gran falta que dello auia y descubrio mucha notiçia de oro y Plata que por no auer mineros no se hizo entero el dicho descubrimiento y auiendo en la dicha Provincia cierta nación de yndios llamados typis yndomita y mui Belicosa y que comia carne humana haciendo en los naturales que estauan deuajo la ouediencia de su magestad grande estrago y muchos daños fue El dicho capitán Rui diaz melgarejo con gente a hazerles guerra y hallándolos muy fortificados aparejados para la Resistecia y defensa y mui soberuios los desbarato con singular ualor Rompiendoles los fuertes y paliçadas fortissimas que tenían ffecha Para la dicha defensa y saco de poder de la dicha nacion diez españoles y una muger casada con su marido la qual le tenian quitada los dichos yndios y se aprouechauan della con lo qual cesaron los daños que solian hazer los dichos tupis y estando en la ciudad de la assumpcion El dicho capitán llego nueua al que en aquella sazon gouernada de como los mas españoles de la dicha Prouinçia de guaira de que El auia sido fundador se auian Revelado contra El seruiçio de su magestad dexando y no obedeciendo al que su Real nombre los manduaua y que se yuan saliendo a la mar fue encargado al dicho capitan Ruy diaz melgarejo fuese al Remedio de la dicha conspiracion y uejacion de la dicha ciudad El qual por mas seruir a dios nuestro señor y a su magestad lo acepto y luego que llego a la dicha Prouinçia fue un seguimiento de los dichos alçados y junto con el respeto amor y temor que a su persona tenían tuuo tales medios que los apaciguo y traxo a a la dicha ciudad Para que la sustentasen como de antes en seruicio de su Magestad todo con gran valor y conoçido zelo de su Real serviçio sin que huuiese aluoroto ni derramamiento de sangre todo lo qual y otras muchas cosas hizo en seruiçio de su magestadcomo su bueno y leal basallo sin jamas le auer desseruido en alguna cosa y Para que conste al Rey nuestro señor y su real consejo de yndias de los dichos seruicios tengo necesidad se Reciua ynformacion y que los testigos que presentare se examinen por El tenor del interrogatorio de que hago presentación por tanto.

—Pido y suplico a vuestra merced mande se examinen Por el dicho ynterrogatorio que Presento y hecha la dicha ynformacion mande vuestra merced se me de vn traslado autorizado en publica forma en manera que haga fee en juicio y fuera del ynterponiendo vustra merced su autoridad y decreto que pido y justicia y en lo necesario &. – Manuel de frias.

—E visto Por su merced del dicho alcalde lo pedido y la petición e ynterrogatorio de Preguntas que asi Presenta el dicho capitán manuel de frias dixo que lo auia e uno por presentado quanto es Pertinente y que por el y su Preguntas sean examinados los testigos que presentare para la ynformacion que Refiere la qual esta presto a Reciuir oy y cada que lo presentare y hallarse al examen dellos y fecha y acabada se lo de vn traslado della autorizado en publica forma en manera que haga fee do fuere presentado en la qual esta presto ynterponer su autoridad y decreto quanto de derecho puede y deue, y lo firmo juan sanchez ante mi manuel martyn scriuano publico y del cabildo.

—Este dicho dia yo El seribano notifique El auto de suso atras contenido al dicho capitan manuel de frias en su persona que lo oyo de que doi fee manuel martyn seriuano publico y del cabido.

—Por las preguntas siguientes sean examinados los testigos que son ofueren Presentado Por parte del capitan manuel frias vezino desta ciudad de sancta fee como marido de doña leonor de ortega y guzman hija legitima del capitán don gonçalo martel de guzman y nieta del capitán Ruy diaz melgarejo.

—1. Primeramente si conocen al dicho capitan manuel frias y si conocieron al capitán don gonçalo martel de guzman su suegro Padre de la dicha doña leonor de ortega y guzman y al capitán Ruy diaz malegarejo agüelo de la susodicha y que tiempo digan.

—2. yten si sauen que El dicho capitan manuel de frias en esta Prouinçias del Rio de la plata y en otras Partes a seruido a su magestad en todas las oca iones que de su Real seruiço se an ofrecido como hijodalgo que es y leal vasallo suyo y es publico y notorio que no le a deseruido en ningun tiempo que si tal vuiera auido los testigos lo supierann digan.

—3. yten si sauen que por aver conocido en el dicho capitán manuel de frias los gouernadores que en esta dicha Prouinçia auido la fidelidad que deue El vasallo a su Rei y señor con puntualidad, le an nombrado en cargos y officios de utoriad y calidad en la mar y en la tierran digan.

—4. yten si sauen que El dicho capitan manuel de frias por tener tan buenas Partes entendimiento y capacidad para gouierno a sido nombrado en cargos de administración de justicia por los gouernadores que en esta pouincia a auido y a dado Buena Residencia y quenta de lo dicho cargo digan.

—5. yten si sauen que por tiempo de cinco años poco mas o menos a vsado y exercido Por nombramiento que el an ffecho los gouernadores que en esta pouincia an auido el officio de lugarteniente dellos juntos con el offico de capitan de guerra y a acudido en el dicho tiempo con puntualidad asi a la pacificación de los naturales como la administración de justicia.

—6. yten si sauen que a vsado en el dicho tiempo El dicho officio con la Rectitud que deuia mirando por el bien común y guardando enteramente la justicia a las partes a todo su leal poder sin estipendio alguno que se le diese digan.

—7. yten si sauen que en El dicho tiempo q a vsado y exescido los dichos cargos El dicho capitán manuel de frias a hecho grandes seruicios a dios nuestro señor y a la magestad catholica en pacificar los yndios de la juridicion desta ciudad y Reducidlos y a traellos al conocimiento de nuestra sancta fee católica y a la obediencia de su magestad ponedolos en pueblos formados con yglesias y vn español en cada Reducion para que sean cimentados e yndustriados en todo buena policía y doctrinaos como lo son mucha suma dellos y si no fuera por la falta que ay de sacerdotes Estuuieran todos los dichos indios en doctrina en que a trauajado mucho El dicho capitan manuel de frias por seruir a dios y a su magestad y descargar su Real conciencia digan.

—8. yten si sauen que en ningun tiempo y despues que se poblo Esta dicha ciudad no an estado los naturales yndios della tan pacificados ni leales ni an acudido con tanta puntualidad al serviçio de sus encomenderos como en el tiempo que a vsado el dicho officio de justicia mayor el dicho capitán manuel frias porque les a fecho muchas guerras y malocas por su persona y Por sus capitanes que a nombrado quando por bien y amistad no podia Reducillos y atraellos al dicho conocimiento y obediencia de su magestad digan.

—9. yten si sauen y es publico y notorio que El tiempo que el dicho capitán manuel de frias a vsado el dicho officio de capitan de guerra y justicia mayor se an fecho muchos yndios naturales xpianos en las dotrinas y Reducciones q a fecho y asi mesmo en las enfermedades que nuestro señor a sido seruido an muerto mas de seis mill yndios Receuido El sacramento del bautismo y confesado la fee catholica con que dios nuestro señor y su magestad an sido mui seruido digan.

—10. yten si sauen durante del tiempo del dicho offiçio noa consentido que sus officiales hiziesen excesos ni menos lleuasen mas salarios de los que se deuian por El arancel desta çiudad ni El los a lleuado digan.

—11. yten si sauen y es publico y notorio q en la Residencia que se le tomo por don diego Rodriguez de baldes y de la vanda de la administración del dicho offiçio fue dado Por buen juez y digno de que su magestad le haga merced digan.

—12. yten si sauen que después de auer sido Residenciado por auer dado tanbuena quenta del dicho cargo fue vuelto a nombrar y fue nombrado en el dicho officio de lugar theniente de gouernador y capitán de guerra por el dicho don diego Rodriguez de baldes y de la vanda que En gloria sea El qual lo acepto aunque sin estipendio ni salario solo por servir a su magestad y a continuado en los dichos cargos hasta El dia de oy en su Real seruicio.

—13.yten si sauen que por que no auersele dado salario en el dicho tiempo al dicho capitan manuel de frias para poderse sustentar a gastado y gasto toda su hacienda en el sustento de su persona casa y familia por quanto el dicho officio no tiene ningunos aprouechamientos ni los a tenido el dicho capitán en todo el tiempo y en consecuencia desto es cosa notoria y publica no hauer receuido cohechos en ninguna manera.

—14. yten si sauen que El capitan don gonçalo martel de guzman suegro del dicho capitán manuel de frias siruio en los dichos cargos en esta ciudad a su magestad y acudio a las dichas conquistas y pacificaciones de los dichos yndios naturales con grande puntualidad y zelo del seruiçio de dios nuestro señor y de su magestad administrando justicia con toda Rectitud sin jamas auerle de seruido en cosa alguna porq si la tal huuiere los testigos lo supieran digan &.

—15. yten si sauen que el capitán Rui diaz melgarejo que en gloria sea aguelo de la dicha doña leonor ortega de guzman muger del dicho capitán manuel de frias tiene fechos my calificados seruicios a dios nuestro señor y a la catholica magestad del emperador nuestro señor de gloriosa memoria en ytalia donde le sirvio algunos años en esta Prouinçia en la qual acudio a todo lo tocante al Real seruicio mas tiempo de sesenta años en la pacificación y conquista de los yndios naturales en toda Ella y en todo transcurso de tiempo es publico y notorio no desersiruio a su magestad digan.

—16. ytensi sauen y es publico y notorio que poblo y fundo y conquisto en esta provincia en nombre de su magestad esta prouincia de guaira donde poblo dos ciudades en gran servicio de dios nuestro señor y de su magestad digan.

—17. yten si sauen yes publico y notorio que la dicha Prouinçia tiene gran suma de yndios y ay mas yndios en ella que en toda esta gouernacion a los quales con su ynduistria y trabajo traxo el conocimiento de nuestra sancta fee catholica y a la obediencia Real digan lo que sauen.

—18. yten si sauen y es publico y notorio que el dicho capitán Ruy diaz melgarejo era caballero hijodalgo notorio de gran Respeto y valor y Por ser lo fue Elegido Por el cauildo de la ciudad de la assumpcion Por procurador general desta Prouinçia a los Reynos d españa.

—19. yten si sauen y es publico y notorio que en el progreso de la dicha delegación viendo que conuenia mas al seruiçio de dios nuestro señor y de su magestad dexarlo Por socorrer al adelantado juan ortiz de çarate que supo uenia a la dicha Prouinçia con extrema necesidad y tanta que se le moria de hambre la gente de su armada, Bolbio con gran Priesa cargando vn nauio de bastimentos con su propio dinero en la costa del brazil y le socorrio el dicho capitán Rui diaz melgarejo de manera que mediante este socorro no perecio toda la gente que traia El dicho adelantado y seso la grande necesidad de bastimentos que traia.

—20. yten si sauen y es publico y notorio que auiendole muerta y cavtiado al dicho adelantado los yndios de aquella costa…ciento y veinte hombres Pocos dias antes que El dicho capitan llegase, El dicho capitan Ruy diaz melgarejo con su buen consejo y a costa de su propia hacienda Rescatado veinte hombres de los captiuos los tenian los dichos yndios Para matar digan.

—21. yten si sauen y es publico y notorio que el dicho capitán Rui diaz melgarejo socorrio con el dicho nauio con bastimentos que buscaua al dicho adelantado y a su armada hasta que los metio en el puerto de san saluador donde fundo una poblaçion y de alli continuo el fauor y ayuda que a su leal Profesion y seruiçio de su Rei y señor deuia hasta llegar con el dicho gouernador y gente que con el fue a la ciudad de la assumpçion diga.

—22. yten si sauen y es publico y notorio que auiendo llegado el dicho adelantado a la ciudad de la assumpçion como supiese que estaua la Prouinçia de guaira alterada y muchos de los naturales alçados y Reuelados despacho a dicho capitan Rui diaz melgarejo con titulo de capitan general della Para que las apaciguase y El dicho capitán con gran dilligencia y a su propia costa fue Por mas seruir a su magestad a lo que mando y quieto y Pacifico no solo los dichos vecinos de la dicha Prouinçia sino tambien los naturales della digan.

—23. yten si sauen y es publico y notorio que el dicho capitan descubrio en la dicha Prouinçia muchos metales de hierro acero que fueron de mucha ymportancia en esta Prouinçia y descubrió metales de oro y Plata y Piedras preciosas que por no auer mineros ni lapidarios no se hizo entero descubrimiento digan.

—24. yten si sauen y es publico y notorio que auiendo como auia en a dicha Provincia de guaira vna nacion de yndios llamados tupi yndomita y mui belicosa y que comian carne humana haciendo en los naturales que estaban debajo de la obediencia de su magestad grande estrago fue El dicho capitan Ruy diaz melgarejo con gentes a hacerles guerra hallandolos muy fortificados Para la Resistencia los desuarato con singular esfuerço Rompiendoles los fuertes y Paliçadas que tenian digan.

—25. ytensi sauen y es Publico y notorio que en la pelea y guerra que tuvo con la dicha nacion venciendola saco della diez xpianos españoles y una muger casada con su marido de la qual se aprouechava la dicha nacion con lo qual seso el notable daño que solian hazer los dichos yndios tupis digan.

—26. yten si sauen es Publico y notorio que estando El dicho capitan Rui diaz melgarejo en la ciudad de la assumpçion llego uneua como los mas de los españoles que Residian en la dicha Provincia de guayra se auian reuelado contra El seruicio de su magestad dexando y no obedeciendo al que en su Real nombre los mandaua y que se yuan saliendo a la mar fue encargado al dicho capitán Ruy diaz melarejo El Remedio el qual Por mas seruir a dios nuestro señor y a su magestad lo acepto y con gran diligencia fue a la dicha Prouinçia y aseguro a los dichos aleados y tuuo tales medios que los apaciguo y traxo a la dicha Prouiçia Para que la sustentasen como de antes en seruiçio de Su magestad todo con gran prudencia y con gran zelo del Real servicio sin que uuiese derramado de sangre alguna digan.

—27. yten si sauen y es Publico y notorio que todos los dichos seruiçios hizo El dicho capitan Ruy diaz melgarejo a su propia costa y sin deseruir a su magestad Por lo qual quedo y murio con suma pobreza y dexo a sus hijos y nietos en ella de manera que ni el dicho capitan manuel de frias ni Ellos se pueden sustentar conforme a la qualidad de sus Personas sin que su magestad se sirua hazer merced al dicho capitan manuel de frias en Remuneracion y gratificación de todos los dichos seruiçios como a persona a cuyo cargo el sustento y administracion de todo lo Remanente que por fin y muerte de los dichos capitan don gonçalo martel y capitan Rui diaz melgarejo a quedado digan.

—28. yten su sauen que todo lo suso dicho es publico y notorio publica vos y fama digan – manuel de frias.

Colección de copias de documentos de Indias, N°1447, 7.

Ramón Indalecio Cardozo

Documento Nº 16

En la investigación para confirmar los datos provistos por el Prof. Cardoso, hemos encontrado numerosas fuentes y acceso a originales que él no tuvo ocasión de consultar. Agregamos aquí, como muestra, una copia de la carta que Melgarejo envió al emperador Carlos V en 1556, sobre agravios sufridos y pidiendo se le conceda con qué sustentarse en el Guairá –mencionada repetidamente por el Prof. Cardoso en versiones transcriptas.

El original se encuentra en el archivo Histórico Nacional de Madrid, bajo la signatura:

ES.28079.AHN/5.1.14//DIVERSOS-COLECCIONES, 24,N.20

y por esta causa los xpistos muchos con sus casas y la tierra de se an parado y los bosques
sean abezindados/. ho fue misericordia de que yo fuese con la flaga por desto persecuçion
sino quien en esto no hablo cola bondad callo visto que los portugueses no me dexaron se
batar veme a esta cabdad de urnar dond alle ya liçitimo doño n° al que desia d
fue causador/. y ansi luego le obedesçi y como asthenta de v. m. le serui y me le offreçia/
les pase a del puablo que partio desta conquista a buektra de la çenda que les quise se
publico el dño n° me mando que con Çatrios mis amietos a poblar fuese a un asiento
que llaman Guayra sienta al rio que llaman el parana la buekta del piquirri/ yo lo d
este por pareçerme que siena muy mucho a v. m. yxpa mis amietos que son los
probes que sienpre a v. m fielmente an seruido que los saco de catiberio y de baxo
de la lança de quien octantos años que nos latiene presta a los pechos porque esta
mil de parti mi que yo desta tiera a ninguno de ellos y ndio dio en mayo nonbre y el
mpo vmill mente a v. m suplico y pido quen este asiento de guayra dond estamos
de estar co en otra parte desta conquista sea seruido de mandar que nos den con que p
damos de nros tunbasos algun tnx de constar sin que nadie nos lo puda quitar/
el obpo desta tierra lo que es co no a v. mt. es que su benida mas fue pa ostizar la
fartria que pa este otra todo lo bueno desti probad y con dos sos los malos Qual
tu tienen sea abrasados no se dond piensa subir que el luego predico sil altar la çerpada
y que estan las ormazonas old ye y desenbrir/. ase contados tan mal el çeffido que todo el
pueblo por su subia a es tiene aborre a desepleyn a dios que dios lo demedie y v. m.
lo probea gran nesçesidad tenemos de ser soforridos y desocupa en villos probe y desensa
ya esperanca a todos los probes que damos suplicando a dios nro señor que a v. mt
lar gue la vida y al ptinçipe nro s° ya su unico enperador de todo el Vmberso desta
cabdad de la acunçion quatro de Julio de mill y quis y anço y suis/.

de v. o. c. e R. mt.

Vmilld sndios y muy Vmilld basallo

Saul M. Montes-Bradley II

Documento N° 17

Carta del clérigo presbítero Antonio d'Escalera al Emperador Don Carlos, refiriendo los atropellos cometidos con el gobernador Alvar Núñez Cabeza de Vaca, y los abusos ejecutados en los naturales del Rio de la Plata. —

Asuncion, 25 de abril de 1556.[113]

Sacra Cesarea Catholica Real Magestad:

Muy poderosos señores:

Por conplir con la obligaçion que de mis padres heredé, y con el ofiçio saçerdotal que tengo, me a dado atreuimiento, viendo los grandes agravios que á sus suditos y naturales, que con buen zelo y linpio ánimo procuran servir á V.M., les an hecho, á que por esta mi letra V.M. fuese avisado de todo lo que en esta tierra a suçedido despues que en ella entré, que fué con Alvar Nuñez Cabeça de Vaca, governador que fué desta provinçia, para que provea y mande lo que más fuere á serviçio de Dios Nuestro Señor y de V.M. y bien y pro y descanso de los que en ella le an servido y sirven. Ya es notorio á V.M. como Alvar Nuñez Cabeça de Vaca partió de los reinos d'España, con provisiones de V.M. para esta provinçia, y llegado que llegó á ella, fué recibido conforme á las provisiones que traya; y de á pocos dias hizo sus ynformaçiones açerca de la muerte de Juan de Ayolas, governador que hera de V.M., y hallando ser muerto, juntó toda la gente con los oficiales y capitanes de V.M. y mandó se tornasen á notificar las Reales provisiones que traya, y asi, fueron notificadas y él recibido por governador, y al vso y exerçiçio del dicho ofiçio y juridiçion cibil y criminal, como V.M. lo mandava: y luego, con gran diligençia y soliçitud, mandó hazer bastimentos y vergantines para poder descubrir esta provinçia, y estando ocupado en esto, los conquistadores y suditos de V.M. se querellaron de los grandes agravios que avian recibida, antes que á la tierra él viniese, por los ofiçiales de V.M., en les llevar los quintos de aquellas cosas que de los yndios del rio abaxo trayan para su vestido y provision; lo qual hera, que de cinco queros de venado que vn conquistador traya, para hazer armas para defensa de su persona, les llevavan vino, y de cinco panillas de manteca que para los adobar y beneficiar trayan, vna les llevauan; y asimis-

---

[113] *Cartas de Indias,* Ministerio de Fomento, Madrid, 1877, p. 586 y s.s.

mo de todas las otras cosas que trayan, asi como de pellejos de un-
tras y pescado, y que les apretavan y molestavan por algunas debdas que algunos á V.M. devian. Pues visto por el governador lo por
los conquistadores dicho, y la gran proveza que tenian (que çertifico á V.M. questavan tan proves, que muchos o todos los más no
tenian camisas para se vestir), mandó que en quanto á los quintos,
de aquellas cosas que los conquistadores y pobladores dezian, no
se les llevase quinto alguno, por la gran necesidad y trabajos que
tenian y pasavan en yr á lo traer, porque él avisaria á V.M., para
que sobre ello proveyese y mandase lo que más á su Real serbiçio
conviniese, y dado caso que V.M. fuese servido de mandar otra cosa en contrario, quél, por la necesidad que veya en los conquistadores y gran proveza suya, lo tomaria en su salario y en quenta de
lo que V.M. le mandava dar; y en quanto á las debdas, les pidió y
rogó sobreseyesen la cobrança dellas hasta tanto que la jente to-
viese alguna cosa más para les pagar sobre todo lo qual, los
ofiçiales de V.M. les hizieron muchos requerimientos apasionados,
á los quales el governador responde que V.M. le mandava dar
salario, y que dado caso no fuese servido de lo quél mandava, quél
lo pagaria y tomaria en quenta Fué tanto el odio que sobre esto le
tomaron, que luego yntentaron á querer poner en la provinçia varas
de justiçia, como las tienen los ofiçiales de la Contrataçion de Sevilla, para poder por su justiçia hazer todo aquello quel governador
podria hazer; á lo qual les respondió que no avia lugar, porque á él
tan solamente V.M. cometia la juridiçion de la justiçia civil y criminal. Sobre esto determinaron, estando el governador á pique para partir y hazer entrada, de avisar á V.M. con dos frayles de la orden de San Françisco, por la via del Brasil, sin acordar con él cosa
alguna; y sabido por el governador, mandó bolver á los frayles y
proçedió contra los ofiçiales de V.M., hasta remitir las cabsas á
V.M. y á su muy Real Consejo, y en este estado, partió desta çibdad, por el mes de setienbre del año de quinientos y quarenta y
tres, en demanda de la notiçia y puerto de los Reyes que ya tenia
descubierto.

Pues, partido de esta çibdad, yendo el rio arriba, acatando los trabajos que avia pasado el capitan Domingo Martinez de Yrala y por
querer en algo gratificalle alguna cosa dellos y por el contento de
alguna gente, lo elegió y hizo su maese de canpo; y asi, llegó al
puerto de los Reyes, do llegado que llegó, determinó de entrar y
descubrir toda la tierra por muchas partes, como fué por los Xaries
y por la vanda del poniente. Y estante esto, determinó dél en persona acometer su entrada, y asi lo hizo, dexando el puerto en todo recabdo. Y á pocos dias que caminava, los ofiçiales de V.M. que con
él llevaba, que fingidamente se avian fecho sus amigos, que heran

Apéndice

Felipe de Caçeres, contador, y Pedro de Orantes, fator, le hizieron vn requirimiento, que se tornase al puerto do avia salido, diziendo que la jente padecia neçesidad de comida; y visto el requirimiento, con paresçer de los capitanes y maese de campo, se ovo de bolver y retraer, y llegado que llegó al puerto, fué Nuestro Señor servido que, ansi él, como la mayor parte de la jente le adolesçiese, y estando doliente, llegó la jente, que de los Xaries venia, con mucha comida y gran notiçia, ansi de la tierra como de las poblaçiones della: y sabido y visto por el governador, determinó de yr allá, avnque malo y doliente; pero los ofiçiales de V.M., que sano proposito no tenian, segun despues a parescido, le requirieron se tornase á este puerto y cibdad de la Asunçion, diziendo que la jente estava enferma y de cada dia enfermava más, y que venido á esta, se restavraria; para lo qual convocaron mucha gente, y truxeron ansi, no tan solamente al maese de canpo, diziendo quel governador le queria mandar matar, pero ávn otros capitanes que con él estavan en el puerto de los Reyes. Pues, visto por el governador este requerímiento hecho por los ofiçiales de V.M., y la dolençia de la jente, determinó de degenderse á esta çibdad, y asi, vino por Quaresma del año de quinientos y quarenta y quatro, y estando malo, de pocos dias despues que llegó, los ofiçiales de V.M., con mucha jente que para ello de noche juntaron, le prendieron y pusieron en casa de Garçia Venegas, tesorero que hera de V.M., y luego nonbraron y eligieron por teniente de governador al capitan Domingo de Yrala, maese de canpo del governador, y ante él, antes que lo eligiesen, leyeron vn libelo ynfamatorio contra el governador de V.M.

Despues de elegido, puso por su alcalde mayor á vn Pedro Diaz del Valle, el qual, no tan solamente secrestó la hazienda del governador, pero hizo ynformaçiones contra él, con testigos que para ello buscavan que dixesen lo que ellos querian, y á los que la verdad pensavan dezir, no tan solamente no tomavan sus dichos, pero los tenian por enemigos; y luego mandó prender y desarmar á todos aquellos que en favor del governador y en serviçio de V. M. se mostraron, y otros, de verse tan perseguydos, se absentavan desta tierra y se yvan á los yndios, de cuya cabsa los yndios los matavan; y desta manera anduvieron y los tratavan, á los que servian á V.M., todo el tienpo que tuvieron preso al governador. Pues, salido de la tierra, á pocos dias quél salió y lo echaron de la tierra, el capitan Juan de Salazar d'Espinosa enseñó cierta provision, quel governador le avia dexado, de teniente de governador y capitan general en su lugar y en nonbre de V.M., y fué por algunos obedecido; al qual, ansimismo, prendieron, y los que le obedecieron, vnos fueron huyendo, y otros fueron presos, con muy gran alboroto y escandalo, no temyendo á Dios ni á V.M., porque ávn á las ylesias tratavan tan mal, que, si fueran enemigos, avn tuviera más acatamiento á ellas: pues en esto verá V.M. lo que podían padecer los que le an servido, pues, asy preso, lo llevaron en vn navio á echar en la caravela, que fué á esos reynos con o governador. Pues, salido de la tierra el governador y su teniente que fué por el año de quinientos y quarenta y cinco, Domingo de Yrala, que mandava, para poder hazer y sustentar lo que tenia hecho, dava y avia dado tantas largas á sus amigos y valedores, que por la tierra anduviesen, los quales avian fecho tantos y tan grandes agravios á los naturales desta tierra, que visto ellos que tan perseguidos heran, determinaron de matar algunos cristianos, y asi lo hizieron, y mataron quatro o çinco, y muertos, se lebantaron contra los cristianos, en tal manera, que fué necesario yrá ellos, y mataron y prendieron muchos. Fué la mortandad y destruçion tan grande, que visto por los naturales el gran daño que se les hazia, y que avian metido otros yndios comarcanos, que ellos tienen por esclavos, contra ellos, por no perderse del todo, pidieron pazes y se les conçedió, y asi an estado y están paçificos, avnque esquilmados y ávn desollados. Paçífica la tierra, el capitan Domingo de Irala determinó de hazer entrada para descubrir la tierra, que fué por el año de quinientos y quarenta y siete, sacando desta Gibdad dozientos onbres y cinquenta cavallos. Fué por el puerto de San Fernando, dexando en esta cibdad á Don Françisco de Mendoça, con su poder para que por él mandase; el qual, desde a pocos dias que mandó, le presentaron, asi á él como á toda la jente que en esta cibdad quedava, vna rebocaçion quel governador avia dexado, por la qual revocava todos y qualesquier poderes que oviese dado á qualesquier personas, para que de alli adelante no valiesen, salvo el del capitan Juan de Salazar d'Espinosa, so çiertas penas que en ella estavan; la qual, vista por el Don Françisco de Mendoça, se desystió del cargo y poder que tenia, y fué elegido por justiçia mayor, como V.M. lo manda, el capitan Diego de Abrego, natural de la çibdad de Sevilla, el qual, estando mandando, fué avisado que le queria matar el Don Françisco de Mendoça, para lo qual tenia convocado y aperçibido mucha gente, y dadas listas y hecho capitanes, para que, dado señal de toque de canpana, saliesen de las partes questavan diputadas, para do la jente estuviese, para le matar á él é á todos los que con él estuviesen, é poner la tierra debajo de la mano y juridiçion del capitan Vergara. Reçibidas y hechas las ynformaçiones de lo susodicho, mandó prender y prendió á Don Françisco de Mendoça y á otros, de los quales fué ynformado de lo que queria hazer, lo qual se halló que, hasta los ynoçentes, avian de pagar y matar. Pues, visto esto y el alboroto y escandalo que en la tierra estava y de cada dia podia más suçeder, mandó hazer justiçia de Don Françisco y asi se hizo

Apéndice

publicamente con pregon de justiçia. Muerto Don Françisco de Mendoça, porque convenia á la paçificaçion, quietud y sosiego dexar de proçeder contra algunos, y porque andavan levantados y por los reduzir á la tierra, y que della no se absentasen, ovo de hazer y hizo perdon general á todos, y desta manera tornó á sosegar y apaziguar esta tierra, teniendola en toda quietud y justiçia; y luego mandó despachar vna caravela para avisar á V.M. de lo suçedido en la tierra. Yendo el rio abaxo, se perdió en el Parana, baxo de la ysla de San Graviel, y ansi estuvo hasta que dió buelta de los confines del Peru el capitan Domingo de Yrala, el qual traya consigo, de los naturales de la tierra do venia, más de mill ánimas, entre chicos y grandes dellos, por esclavos.

Pues, llegado que llegó, el capitan Diego de Abrego, que en la tierra elegido estava, le requirió á él y á los ofiçiales de V.M., ante Gaspar de Ortigosa, su escrivano, le obedeciesen y diesen favor y ayuda para poder tener la tierra en justiçia, en nonbre de V.M.; al qual respondieron y mandaron no usase del ofiçio, so çiertas penas que le pusieron, ansi el capitan Domingo de Yrala, como los ofiçiales de V.M., lo qual tomó por testimonio; por lo qual, le mandaron prender, y desarmar á todos los que se avian mostrado en su fabor y en serviçio de V.M., que son los que arriba dicho tengo, que contra él se pusieron por la prision de Alvar Nuñez Cabeça de Vaca, governador de V.M. Pues, preso el capitan Diego de Abrego, perseguidos, afrentados y desarmados los leales vasallos de V.M., el capitan Diego de Abrego, determinó de salir de la prision que tenia, y ansi lo hizo. Salido, juntaronse con él ciertos honbres de su jente, y determinaron de ir la buelta del Brasil, para pasar en esos reynos á avisar á V.M. de lo suçedido en esta tierra. Sabido por el capitan Domingo de Yrala la via que llevaua el capitan Diego de Abrego, juntó gente de pie y de á cavallo, y fué en pos del y estándo veynte leguas poco más o menos desta çibdad, de noche trayendolo espiado, dió sobre él, y antes que llegase, mandó, que, si alguno se defendiese, le matasen; y alli fué preso y algunos heridos y fueron traydos á esta çibdad; que certifico á V.M., que turcos no podian ser más maltratados, ni aún tanto: y no tan solamente el mal tratamiento que se les hizo, pero ávn les quitaron piezas de su serviçio, para dar á los que avian ydo á los prender. Pues, puesto otra vez el capitan Diego de Abrego en la prision, y visto que le fatigavan con prysiones, determinó segunda vez de salirse, y ansi lo hizo, llevando consigo vn caballero de Sevilla, debdo suyo, que sienpre á V.M. lealmente a servido, que se dize Ruy Diaz Melgarejo. Pues, salido de la prision el capitan Diego de Abrego, sus amigos fueron tan mal tratados y desarmados, y algunos clerigos en prision puestos, y otros corridos por las calles, porque dezian que venia gente mandada por V. M. á esta provinçia; y desta cabsa, temiendo los daños que de cada dia reçibian, determinaron de estar en el pueblo, avnque no todos, que algunos andavan por los bosques con el capitan Diego de Abrego; y ansi anduvieron hasta el año de cinquenta y tres, quel capitan Domingo de Yrala determinó de hazer entrada, en la qual pensó de dexar mandando vn yerno suyo y debdo del capitan Diego de Abrego, hermano de Ruy Diaz Mergarejo, que arriba he dicho. Pues, sabido por los ofiçiales de V.M., cómo le queria dejar mandando, porque en esta tierra nadie mandase, que zelo tuviese al serviçio de V.M., le escrivieron al capitan Diego de Abrego, dizendo quel tan solamente podia mandar en la tierra y no otro, por ser elegido y su eleçion ser buena, y que ydo el capitan Vergara, derrocase al que dexase mandando, y que ellos le ayudarian; lo qual fue yntentado por Felipe de Caçeres, contador de V.M., que queria le dexasen mandando, y fué ordido de tal manera, que vino á mandar. Pues, mandando Felipe de Caçeres, y el capitan Vergara partido, los amigos del capitan Diego de Abrego, temiendose no los molestasen más y truxesen desarmados, determinaron de salirse desta çibdad, y irse con su capitan, y ansi lo hizieron algunos dellos. Pues, juntos con el capitan Diego de Abrego, que serian hasta quarenta onbres, estando en un bosque, sin hazer mal ni daño á alguna persona, Felipe de Caçeres, que mandava, que avn no tenia sana la voluntad, ni avn la codiçia perdida de hazer mal á los suditos de V.M., y por desarraygar, como ellos dizen, esta seta, escrivió al capitan Vergara, que veynte leguas desta çibdad estava, diziendole que la tierra estava alborotada y el capitan Diego de Abrego levantado con gente, y en terminos de la destruir; y para dar credito á lo que él dezia por sus cartas, enbió á amigos suyos para que dello diesen fée, avnque falsa. Vistas por el capitan Vergara las cartas, vino á esta çibdad, y juntó, de cristianos y yndios naturales y de esclavos comarcanos, más de ochoçientas ánimas, y dió sobre el capitan Diego de Abrego, que seguro estava debaxo de promesas que le avian fecho, que no mandaria el contador Felipe de Caçeres, sino otro quél quisiese; y desbaratolo y prendió ocho cristianos de los del capitan Diego de Abrego, de los quales mandó que luego ahorcasen los tres, que fueron los primeros que pudo aver, y á los otros cinco tuvo á punto de los ahorcar al pie de la horca, y por presonas religiosas que le rogaron, los dexó: los demas se escaparon por los bosques. Y visto que más no podia aver, ni al capitan Diégo de Abrego, porque á él solo cudiçiavan, y que, si más en la tierra estuviese, no podia de dexar de hazer gran daño, determinó de proseguir su entrada, y mandó al contador executase en los demas sus vandos, que echado tenia, de pena de muerte y perdimiento de la mitad de los bienes; el qual,

144

como cobdiçioso de las haziendas ajenas, no ostante que las avian destruydo quando el capitan Vergara andava en la tierra en pos dellos, y porque nadie se fuese sin paga, tomó toda la tierra y caminos con los yndios, en tal manera, que algunos que salian, y-van tan proves, que avn no llevavan dos camisas para se mudar, y otros, viendo que no podían salir, se presentavan á la carçel; á los quales, por hazelles gran beneficio, les davan las vidas, y les quitavan todo lo poco que tenían, porque en costas y prinçipal se yva todo; de manera, que ansi quedaron los que á V.M. an servido y sirven, tan proves, que ápenas an podido tornar en algo de lo que tenian. No ostante esto, el contador, que, avn no contento de los daños que hecho avia, mandó dar su mandato para prender al capitan Diego de Abrego, el qual fué de tal manera, que me paresçe que V.M. por el descargo de su Real conçiençia, no lo diera; el qual dezia que, si se defendiese, le matasen, y al que lo dió, que hera vn su alguazil, llamado Antonio Martin Escaso, fué tal, y tan piadoso, que, hallandolo vna noche malo de los ojos, en vn bosque, le dió vna saetada por el coraçon, de que *ynstanter* murió sin confision, ni sin llamar á Dios, ni sin poder hablar.

Muerto el capitan Diego de Abrego, y los que á V.M. sirven sin cabdillo, bolbió á esta tierra el capitan Vergara, el qual, avn no contento de lo que antes avia fecho, tratava como á enemigos capitales á los que á V.M. avian servido, y si en algo le herravan o quebrantavan sus vandos, por el punto crudo y filo los llevavan, lo qual no hazia á sus amigos y valedores, porque estos tenian liçençia de hazer en la tierra todo lo que quisiesen, sin que nadie á ello les fuese á la mano. Pues, pasando estos trabajos los vasallos de V.M., llegó á esta tierra Bartolomé Justiniano, con provisiones de V.M. para Domingo de Yrala, por las quales le hazia governador desta provinçia; lo qual sintieron más los que á V.M. an servido y sirven, que todos los daños y trabajos que an pasado; pero, visto que V.M. es servido dello, le an obedeçido como V.M. lo manda. Luego el governador Domingo de Yrala mandó enpadronar la tierra para la repartir, y enpadronada, la repartió entre él y los ofiçiales de V.M. y sus amigos y valedores, entre los quales entraban estrangeros, y della no dió casi á nadie de los que a tenido y tiene por enemigos, y á los que dió fué tal, que á sus amigos ni á él no hizo daño, y á los que lo dió, provecho, por ser en partes que apenas pueden yr allá. Pues, todo esto pasado, por Quaresma deste año de quinientos y cinquenta y seys, llegó á esta çibdad el obispo y Martin de Vte, con otras nuevas provisiones, las quales muchas dellas no se publicaron, segun dizen algunos de los que de allá vienen, y otras pensamos no se conplirán. Estos trabajos, ynvitisimo señor, son los que an pasado los vasallos que con linpio coraçon an servido y sirven á V.M., y todavia esperan que V.M. será servido de los restavrar y no permitirá que basten sus onrras, porque hasta aora las tienen despojadas de sus personas, con lo que V.M. tiene mandado, en dalles por cabdillo y governador al que sienpre los a tenido y tiene por capitales enemigos, por lo qual no pueden pensar, si mucho se tardo el retorno de V.M., o Dios, como vniversal Señor, no los anpara y favoreçe, serán todos perdidos; por lo qual y como su capellan y de V.M., en mis sacrifiçios sienpre ruego á Nuestro Señor guarde la ynvitisima persona de V.M., porque sienpre nos tenga en justiçia á todos y acreciente y abmente nuestra Santa Fee catolica, y á nos nos dé algun descanso, con el qual podamos servir á Dios Nuestro Señor y á V.M. Desta çibdad de la Asunçion, á veynte y cinco de abril de mill y quinientos y cinquenta y seys años.

Sacra Cesarea Catholica Real Magestad, muy poderosos señores, el vmilde capellan de V.M., que sus Reales pies y manos besa

Antonio Descalera,
clerigo presbitero.

Apéndice

Documento Nº 18

Carta de Juan Pavon al licenciado Agreda, fiscal del Consejo de Indias, dándole cuenta de haber sido preso con Alvar Nuñez Cabeza de Vaca, gobernador del Rio de la Plata, de la muerte de Diego de Abrego, y excesos cometidos por Domingo de Irala, y solicitando el oficio de fiel ejecutor. — Asunción, 15 de junio de 1556.[114]

Muy magnifico señor:

Puesto caso que vuestra merçed no tiene de mi noticia ni me conoçe, no por eso dexaré de abisar á vuestra merçed de las cosas mias y de otros suçedidas en esta conquista despues de la prision de Alvar Nuñez Cabeça de Vaca y de mí, su alcalde mayor en esta provinçia. La noche que se prendió el governador Alvar Nuñez Cabeça de Vaca, me prendieron á mí juntamente, y me quitaron la vara del Rey de las manos y me dieron muchos palos y me pelaron las barbas y me llevaron arrastrando á casa de Alonso Cabrera, á do tenian preso al dicho governador, y en llegando çerca de su casa me salió á reçibir con treynta o quarenta onbres armados; hera el cavdillo Felipe de Caçeres, contador de S.M., y en llegando que llegaron conmigo, le dixeron: «helo, aqui traemos, ¿que mandays que se haga dél?» Respondió el Cabrera: «llevaldo á la carçel y hechalde de cabeça en el cepo y guardaldo esta noche». Sacaron dos ladrones que yo tenia presos y hecharonme á mí. Mire vuestra merçed cómo trataban la justiçia de S.M. Tanbien soltaron vn onbre questava sentençiado á muerte porque avia muerto á otro. Otro dia por la mañana, me llevaron de la carçel á casa de Domingo d'Irala, que hera maestre de canpo, y me metieron en vna camara cerrada con tres onbres que me guardaban, donde no vi sol ni luna en onçe meses y diez y ocho dias que alli me tubieron preso, hasta que llevaron á esos reynos al governador Cabeça de Vaca y me sacaron de la prision. De todo esto me quexo creminalmente á S.M. y á vuestra merçed, en su Real nonbre, y de todo lo demás que pareciere, pido justiçia, justiçia, justiçia, señor.

Daré agora quenta de algunas cosas suçedidas, á vuestra merçed, en esta tierra. Llevado el governador á España, publicaron entrada. Fueron á ella, despoblaron toda la tierra desde aqui al Peru, ma-

---

[114] *Cartas de Indias,* Ministerio de Fomento, Madrid, 1877, p. 594 y s.s.

tando los yndios y tomandolos por esclavos. Dexó por su tiniente en esta çibdad á Don Francisco de Mendoça: no se la cavsa porque se hesimió el don Françisco del poder de Vergara. A canpana tañida, en la yglesia se juntaron la mayor parte del pueblo y helixeron, para que mandase en nonbre de S.M., vn cavallero de Sevilla que se llamava Diego d'Abrego; y estando mandando este cavallero, vino Domingo d'Irala de la entrada y requiriole que le obedeciese. Respondió Vergara quél responderia: ynbiole á llamar otro dia, para darle la respuesta, y prendiolo, y estando preso, se soltó y se fué á los montes, donde le tornó á prender á él y otros cavalleros que con él estavan, y los traxeron atadas las manos y los aprisionaron á todos; y se tornó á soltar otra bez. Y en este medio tornó á fetuar su entrada y dexó en su lugar á Felipe de Caçeres, contador de S.M. Vbo mucha dibision en el pueblo, sivn elexido podia helexer otro, no teniendo poder de S.M. para mandar ni elexir: quiso ahorcar algunas personas de hecho, porque hablavan en ello; cesó y hiço su entrada. Alguna gente se fué para Diego d'Abrego, que handava huydo por miedo del dicho Bergara; otros tenian su opinion que pues que estava elexido, que avia de mandar; sobre esto hubo escandalo en el pueblo. Hubo de bolber el dicho Bergara, con la jente de que andubo tras Diego de Abrego; hahorcó tres onbres que tomó, y á los que no pudo aver, tomoles sus açiendas y repartiolas por sus amigos y valedores: para hazer esta guerra metió é baliose de vna naçion de yndios henemigos de los naturales. Torna á haçer su entrada como tenia començada, y el dicho Felipe de Caçeres, que dexó mandando, dió vn mandamiento, firmado de su nonbre y refrendado de Bartolome Gonçalez, escrivano de cavildo y público, á vn su aguaçil que se llama Anton Martin Escaso, que matase al dicho Diego d'Abrego donde quiera que lo pudiese tomar; y ansi lo publica el dicho aguaçil. Y traendolo espiado, tomó ciertos onbres amigos suyos, y estando hechado en su cama malo y ciego de los ojos, al quarto del alba llegó cerca donde estava y le tiró con vna ballesta y le pasó el coraçon y los bofes y todo el cuerpo de parte á parte, que no tuvo lugar de deçir «Dios me valga». Los que allá van ynformarán á vuestra merced más xeneralmente de todo lo suçedido.

Vuestra merçed mire cómo se despachan las cosas de allá para esta tierra, y avise al señor presidente que vn año y año y medio antes que se despachen del escritorio, se sabe acá todo lo que se provee allá. Bolbiose de la entrada que avia començado, Domingo d' Irala, por ciertas dibisiones que entrellos hubo: murieron de los yndios amigos muy gran numero. Llegó aquí Bartolome Justiniano con probisiones de S.M. para Domingo Martinez d'Irala que sea governador hasta que S.M. probea otra cosa. Vn año y más, antes que

Apéndice

llegase el Bartolome, estavan acá los traslados de las probisiones sinplemente y cartas, avisandole que repartiese la tierra y hiçiese su descubrimiento y entrada: llegado Bartolome Justiniano, presentó sus probisiones y él las recibió y obedeció, como en ellas se contiene: avia dos o tres meses que estava repartiendo la tierra, quando llegaron: repartiola como le pareció, quitando á los conquistadores viejos viejos [SIC repetido] y dandolo á los que vinieron huyendo del Peru por la muerte del Virrey y dar la batalla al estandarte Real de S.M., y entre otros, françeses y bretones, que en esta tierra están; allá ynformarán á vuestra merçed y sabrá la verdad cómo se repartió; y acabada de repartir, se partió desta çibdad con cinquenta amigos suyos para San Biçente, tierra del rey de Portugal. Desde á veynte o treynta dias que se partió, llegó el obispo miercoles de Tinieblas; fué menester ynbiarle á llamar dos o tres bezes; no diré más en este caso: allá van quien ynformará á vuestra merçed larga y cupiosamente y con verdad. Señor, yo soy vn onbre viejo y en España onbre que he tenido mucha onrra; fué aguaçil mayor de Blasco Nuñez Vela en la çibdad d' Eçixa, Malaga: serbí á S.M. con armas y caballo; halleme en dos batallas, vna en Villalá contra la Comunidad y otra con los gobernadores, en Panplona, contra françeses; gasté mi haçienda en venir con Don Pedro de Mendoça á esta conquista; fué teniente de Juan de Ayolas, despues alcalde mayor por Cabeça de Vaca. Todo esto me a quitado por no tener su opinion. Pido al señor presidente, Su Alteza me haga merçed de me dar y haçer merçed del ofiçio de fiel y secutor, con boto en cabildo, pues no lo ay ni está proveydo. Suplico á vuestra merçed me sea terçero para descanso de mi vexez, que soy biejo y estoy cansado de las molestias que me han hecho y haçen, y he servido á S. M. veynte y dos años. Nuestro Señor la muy magnifica persona de vuestra merçed acreciente y guarde, como vuestra merçed desea, con gran estado y denidad. Desta çibdad de la Asunçion, á quinçe de junio de quinientos y cincuenta y seys. Señor, esto suplico á vuestra merçed por serviçio de Dios; vuestra merçed me lo negoçie, avnque yo no le aya servido ni vuestra merçed me conosca: haré quenta que vuestra merçed me haçe la merçed y por tal la reçebiré yo. De vuestra merçed muy cierto servidor que sus manos beso

Juan Pavon.

Sobre—Al muy magnífico señor el señor ligenciado Agreda, fiscal del Conçejo de Yndias de S. M.—Va del rio de la plata.

149

Saul M. Montes-Bradley II

Apéndice

Documento N° 19

Carta de Juan Muñoz de Carvajal, al Emperador Don Carlos, enumerando los agravios inferidos á los naturales y conquistadores del Rio de la Plata por Domingo Martínez de Irala despues de la prision del gobernador Alvar Nuñez Cabeza de Vaca.— Asunción, 15 de junio de 1556.[115]

Sacra y Cesarea y Catholica Magestad:

Con el debido acatamiento que debo, como á mi Rey y señor natural, Juan Muñoz subditto y basallo de V.M., natural de la çibdad de Plazenzia, conquistador en esta pobinçia del Rio de la Plata, estante en esta çibdad de l'Asunçion, deseando sienpre açertar en el serbiçio de V.M., por esta haré relaçion verdadera á V.M. de las cosas suçedidas en esta probinçia despues de la prision del gouernador Cabeça de Vaca, con el qual yo vine desos reynos de España; y como sienpre me paresçió mal esto de su prision, por le conoser por gouernador y justiçia en esta tierra por probisiones de V.M., y tanbien por ver que no le prendieron los ofiçiales de V.M. y el capitan Domingo de Yrala, por lo que tocaba al serbiçio de V.M., sino por sus pasiones é yntereses, como luego paresçó por la obra, en los malos tratamientos que luego hizieron en los naturales de la tierra, echando sus *axcas* y corredores por la tierra, robando y destruyendo los yndios, tomandoles sus mugeres paridas y preñadas, y quitando á las paridas las criaturas de los pechos, y tomandoles sus hijos que tenían para su serbiçio, y quitándoles sus hamacas en que duermen y todas las otras cosas necesarias que los míseros tenian para pasar su bida. Y de aqui susçedió que, viendo los conquistadores que ellos destruyan la tierra y la gozaban, les dieron avilanteza á que se encomençaron á derramar por la tierra robando y destruyendo, como los ofiçiales de V.M. y el capitan Domingo d'Irala hazian; con tanta crueldad, que el dia que partian del pueblo donde allegaban, avia tantos llantos, los maridos por sus mugeres y las mugeres por sus maridos y por las criaturas que dexavan, que paresçia ronper el cielo, pidiendo á Dios misericordia y á V.M. justiçia, como á quien les encomendó el ofiçio pastoral destas míseras ovejas. Y esto a durado desde el dia de la prision del gouernador Cabeça de Vaca hasta el dia de la fecha desta, que ansi

---

Cartas de Indias, Ministerio de Fomento, Madrid, 1877, p. 597 y s.s.

traen manadas destas mugeres para sus serviçios, como quien va á vna feria y trae vna manada de ovejas, lo qual a sido cabsa de poblar los çimenterios de las yglesias desta çibdad y aver peresçido en la tierra más de veynte mill ánimas y averse despoblado gran parte de la tierra. Pues agora que le vinieron las provisiones de gobernador al dicho Domingo de Yrala, lo qual puso muy gran confusion, ansi en los naturales españoles que el serviçio de V.M. deseavamos, como en los propios naturales de la tierra, ver que de nuevo se le encomendava el cargo y governaçion de la tierra al que tanto la a destruydo y desipado; pues agora como se vió gouernador, luego repartió la tierra y serviçio de los naturales della, tomando para sí y para quatro yernos que tiene, y dando á los quatro ofiçiales de V. M. todo lo más y mejor de la tierra; y lo demas repartió entre sus amigos y apaniaguados y entre los que enbiava á robar la tierra, como dicho tengo, y entre estrangeros, ansi françeses como ytalianos, como veneçianos y ginoveses y de otras naçiones fuera de los reynos de V.M., porque le an ayudado y fauoresçido á hazer estas cosas que dicho tengo, y áun á otros que del Peru vinieron, que allá ni acá no an hecho ningun serviçio á V.M.; dexando á muchos conquistadores viejos que an conquistado y descubierto la tierra de V.M. Por lo qual, de mi parte, suplico á V.M., como su leal servidor, no consienta quedar asi esto: avnque no sea por nosotros, los que emos deseado el serviçio de V. M., sea por no dessanimar los que de aquí adelante, asi en esta tierra como en otras, desearen el serviçio de V.M. Esta relaçion e hecho á V.M., por me paresçer hazer lo que debo al serviçio de Dios y de V.M., dexando muchas cosas, por la prolixidad; y esta es la verdad de todo, y quando otra cosa V.M. hallase, mandeme V.M. cortar la cabeça, como á honbre que á su Rey y señor no dize verdad. Nuestro Señor Jesuchristo á la Caesarea y Catolica Magestad de su persona dé vida, con mayor acreçentamiento de reynos y señorios en su serviçio, guarde y prospere por muy largos tienpos. Desta çibdad de l'Asunçion, provinçia del Rio de la Plata, á xv de junio de MDLVI años.

Omil vasallo de Vuestra Sacra Magestad

Juan Muñoz de Carvajal.

Sobre.—A la Sacra y Qesaria y Catolica Magestad, etc.

Documento N° 20

Carta de Bartolomé Garcia al Real Consejo de Yndias, en la que se queja de lo mal que el gobernador Domingo de Irala había recompensado sus servicios, de los cuales acompaña una Memoria.- Asunción, 24 de junio de 1556.[116]

Muy poderosos señores:

Como onber agraviado, no podré dexar de me quexar á V.A., como á my Rey. Señor, V.A. sabrá que yo soy natural de la villa de Moron, nueve leguas de Sevilla; vine á esta provincia del Rio de la Plata en el armada de Don Pedro de Mendoça, venteyvn años a, en la qual e padezido los trabajos que V.A. ya sabe que todos los que en aquel tienpo vinyeron padecido tienen, y e trabajado por me aventajar en el serviçio de V.A. en todo lo que e podido, de lo qual enbiara provança, si me atreviera. El governador desta provincia, cumplidos los vente años, dió en encomyenda los naturales della á los que agora de nuevo an venydo, y á los que despues de nosotros vinyeron, de lo qual, los que conquistaron la tierra y perdieron, vnos hijos, y otros hermanos, y los que quedaron, de myll y setecientos onbres que se hallaron en la reseña que don Pedro de Mendoça hizo como saltó en tierra, son hasta cien onbres, á los quales dió lo peor y más lexos, donde nunca dellos terná servicios; y asi, ay muchos que no lo an querido acetar, el qual soy vno dellos, que me dió diez y seys yndios, ochenta leguas de donde biuimos; á otros les dió á quinze, á vente, á trenta, sino fue á sus yernos y otros yernos de sus yernos y á los oficiales de V.A., que destos y para sí tomó toda la tierra y lo mejor de toda ella. Y yendole yo á hablar al tienpo que la quirie repartir, le dí vna memoria de los trabajos en que me avia puesto, que es esa que ay va, y me respondió ¿qué hijos tenya?, y que mejor está la peticion por dar. Viendo cómo lo avie hecho conmygo, le pedí licencia para me yr á los reynos d'España, y tanpoco me la quiso dar. E dicho esto, para que V. A. sepa lo que se a hecho con los de Don Pedro, y pues esta no es para más de para dar cuenta de lo que acá pasa, y de lo que se haze con los que trabajan. De la ciudad de la Asuncion, dia de San Juan de 1556. Beso sus Reales pies, su vasallo

---

[116] *Cartas de Indias,* Ministerio de Fomento, Madrid, 1877, p. 600 y s.s.

Bartolome Garcia.

ESTA ES VNA PETIGION Y MEMORIA QUE DI AL GO-VERNADOR DOMINGO D'IRALA DE ALGUNOS DE MIS TRABAJOS.

Muy manifico señor:

Esta es para traer á la memoria lo que en esta tierra e trabagado y serbido, porque, segun que veo y e bisto que vuestra merced lo a hecho y haze hastaqui comigo, no creo que lo deve saber, v dello no se quiere acordar, segun que e bisto por las obras; pues, de todo lo que diré, vuestra merçed es buen testigo, y de otras cosas que degaré de traer á la memoria á vuestra merced, por no ser proligo, y de todas vuestra merced es testigo: byen sabe vuestra merced que, desque llegamos á Buenos Ayres, de desiseys honbres que fueron con Gonçalo de Acosta á descubrir los Tenbues, yo fué vno dellos, y en el camino nos flecharon los Guaranies de las yslas, y de alli salí herido, que sinco años tube vn palo metido en el braso y á cabo de cinco años me salió, y pasé del lo que vuestra merced bien supo y bido por bistas de ojos; y en estos sinco años, nunca degé de hazer lo que me fué mandado, que el señor Don Pedro, que sea en groria, a mí y a otros seys conpañeros, los quales ay bibos los que vuestra merced sabe, nos mandó que le ca9asemos, y asi lo hezimos, que sienpre todos los dias teníamos de trebulto dosena y media de perdizes y codornises, como vuestra merced es testigo, que comia el señor Don Pedro y los que él más quería. Y esto duró hasta que se fué a los Ten6ues y Francisco Ruys nos demandó al señor Don Pedro a mí y á Baytos, para que quedásemos con él en guarda de las naos; y el señor Don Pedro, por lo que a Francisco Ruys le abia prometido, nos degó, y de alli se fué el señor Don Pedro a los Tenbues y se tornó otra ves á Buenos Ayres: yo le di y le daba de comer, como otra ves se lo avia dado, de perdises y codornises, porque el dia que se enbarcó metió en la nao más de siento y sinquenta perdizes y codornises; y á esto vuestra merced no estava presente, mas ay está el alferes Bergara, que por su mano las metió en la nao. Vuestra merced bien sabe que en Buenos Ayres quedamos después que el señor Don Pedro se partió para España, que quedamos con mucha hanbre: yo ballesteaba, con mucho peligro de yndios y de tigres, y dava de comer á setenta onbres que alli estavan, porque todos los dias, domingos y fiestas, les matava dos y tres benados, con que les davan rasión con que se sostenían; y deste travago, aún de la sintenela no fué reserbado; y desto, vuestra merced bien sabe que ay munchos testigos, y que traya las rodillas y manos corriendo sangre, de andar á gatas por poder tirar á los venados, como vuestra merced be que se haze oy en dia quien los quiere matar. Vuestra merced bien bido y supo que los tigres que entravan en la pagada y mata van la gente, yo aguardé vno que hazia muncho daño, dende vn árbol, fuera de la palisada, contra la boluntad de Fransisco Ruis, abiendoselo suplicado y pedido por mer£ed que me degase aguardallo, yo lo maté. Pues, vuestra merçed bien bido, quándo ybamos á Buenos Ayres por el rio de los Tenbues, que salieron los Quirandis a flecharnos en los navios, y que por vn tiro que yo hize, que vuestra me^ed vido, no nos hirieron muy mal, porque muy bien pudieran á su salvo hazello. Quando vuestra merçed a y do á descobrir v á las gerras, quando se lebantó la tierra, en todas me e hallado delante y a su lado; y desto vuestra merçed es testigo. Nunca me e hallado sin armas dobladas y de respeto, para mi y para otros que las abian menester, porque las abian quebrado, desbaratado, para contratar con los yndios, yndias para su servisio; pues yo nunca las quebré, ni desbaraté, ni contraté, ni con el contrato de los yndios merqué yeguas ny caballos, como otros han hecho, como vuestra merçed bien sabe; porque yo no e resgatado ni chinchoreado, ni bando de vuestra merçed ni de otro que aya mandado quebrantado, ni menos por montes hoy do ni aventado, ny en cameles estado, ni de vuestra merçed por cosas mal hechas perdonado, ni por estos servisios ni trabagos que tengo dicho y otros munchos que dego de dezir, que vuestra merçed es testigo, nunca de vuestra merçed ninguna buena obra hasta agora e resebido: débelo de cavsar mi desgrana que sienpre e tenido con vuestra merçed, por no ser enportuno, como otros an sido y son. Y agora que esperava el galardón de mis travagos, a cavo de beynte y vn año, en el repartir y encomendar de los yndios, vuestra merçed me a degado sin suerte. Pues, vuestra merçed no me olbida quando a menester hombres, razón fuera y se acordara para hazerme algún bien, como a hecho y haze a otros, aun hasta los que an benido con Martin d'Urrea, que avn no son bien llegados, ya tienen yndios repartidos y encomendados.

Bartolomé García.

Sobre de la carta en que va inclusa esta Memoria.—A los muy poderosos señores presidente y oydores del Consejo de su Majestad de su Real Consejo de las Yndias.

Saul M. Montes-Bradley II

Documento N° 21

Carta de Martín González, clérigo, al Emperador Don Carlos, dando noticia de las expediciones hechas y de los atropellos cometidos después de la prisión del gobernador Alvar Nuñez Cabeza de Vaca. Asunción, 25 de junio de 1556.[117]

Sacra Cesárea Católica Real Magestad:

Como los capellanes que en esta tierra estamos seamos obligados a avisar a V.M. especialmente, y con más obligaçion yo, por aver dotrinado y babtizado estas ovejas de V.M., y viendo los daños y continos trabajos que an pasado y doliendome dellos, acordé, no tan solamente avisar a V.M. por esta mi epistola de lo sucedido en esta tierra después acá de la prisión de Alvar Nuñez Cabeça de Vaca, governador que fué desta provincia por V.M.; pero, ávn por estos mal limados versos publicar y dezir los ynormes daños y continos trabajos questa prove jente, suditos de V.M. y naturales de la tierra, an pasado y pasan; y suplico á V.M. reçiba de mi, su capellán, este pequeño serviçio, juntamente con la voluntad y zelo que tengo del serviçio de Nuestro Señor y de V.M., y de que nuestra Santa Fee católica sea anpliada y ensanchada.

Ya tiene notiçia y será ynformado de la prisión de Cabeça de Vaca, el qual, no tan solamente los ofiçiales de V.M. prendieron, pero ávn tanbien fué en su prisión el capitán Vergara, que aora por poderes de V.M. en esta tierra por governador manda; porque, çertifico á V.M. que, si él no diera calor, favor y ayuda para ello, no heran ellos bastantes á le aerrojar, porque, avnque malo que á la sazón estava, por el largo tienpo que avia mandado, toda la jente que en la tierra estaba o la mayor parte tenia de su mano, por lo qual ovo ocasión de hazer y perpetar lo que hizo en deserviçio de V.M. y en destruymiento y perdimiento desta tierra y de los naturales della.

Y para mejor obrar y efetuar y conseguir lo que començado tenian, y para poder salir con ello, echaron y mandaron echar vn vando, por el qual pregonavan libertad y daban antender que el governador de V.M. pretendía cabtivallos a todos, y que ellos por la libertad avian fecho lo que avian hecho; lo qual, çertifico a V.M. que

---

[117] *Cartas de Indias,* Ministerio de Fomento, Madrid, 1877, p. 604 y s.s.

fué después acá, no digo cabtividad, como ellos dezian, pero total destruiçion de todos, sino heran sus amigos y valedores, porque estos esta van contentos y heran señores.

Preso el governador, y sus justiçias presas y peladas las barbas con grande vituperio, lo qual V.M. será más y mejor ynformado, queriendo dellos ser servido de los que allá van, lo qual fué, según a paresçido, para poder ellos mandar, bolviendo el dicho capitán Vergara al mando que tenia y esquilmar y destruir esta tierra como lo an todos hecho.

Y para efetuar y conseguir lo que querían, advocaron y truxeron á sí con engaño á mucha gente, lo qual fué de cabsa destar, como estavan, vnos malos, otros en conpañia de otros questavan dañados y puestos en la voluntad del capitán Vergara y ofiçiales de V.M., y en fin, todos proves, que hera lo peor y más dañoso, que, como la jente hera nueva en la tierra y no se pudiese valer en ella sin el favor de los que acá estavan, de fuerça, o por grado, o de neçesidad avian de conseguir cada vno á la parte do estava afirmado.

Y no tan solamente la neçesidad que la junta tenia, pero dezian y publicavan contra el gobernador de V.M. que quería vsurpar esta tierra á V.M., para lo qual dava color que avia quitado la bandera Real de vn navio y avia mandado poner otra suya, y otras cosas que, por ser prolixidad y en *sí* tener poco fundamento, no las diré, porque me paresçe, a lo que siento y aleado, por lo que he visto por vista de ojos, su falsedad y cabtela y averselo levantado para poder traher á sí la prove jente que engañaron para hazer y efetuar y vengar sus pasiones.

Preso el governador, determinaron de destruyr la tierra por contentar a sus amigos y valedores, y para tenellos obligados para todas las neçesidades que les viniesen sobre este caso, daban tantas liçencias para que por la tierra anduviesen estos que los favoresçian, y ellos heran tales, que certifico a V.M. que, como fuego, quemavan *y* abrasaban toda la tierra por do y van, en quitalles sus mugeres, hijas, hermanas y parientas, dado caso que estuviesen paridas y las criaturas a los pechos, las dexaban y echavan en los suelos, y se llevavan y trayan las madres; y dado que algunos no las querían dar, por fuerça y contra su boluntad, amenazados y algunos puestos al punto de la muerte, por no pasalla, las davan, avnque padezian grandes trabajos y soladas sin ellas, porque, del miedo que tenían, por los bosques las trayan escondidas, y de ally las trayan y sacavan; y si algunos perezosos o tardios heran a conplir lo que les mandavan, executavan en ellos su enojo, dándolos cuchilladas y palos y haciéndoles otros malos tratamientos, quitándoles sus casas y todo quanto en ellas tenían. Pues, siendo estos naturales tan maltratados, ansí de los que mandavan como de los amigos y valedores dellos, determinaron de matar algunos cristianos, y ansí, mataron dos o tres cristianos de los que entrellos andavan rancheando, lo .qual hizieron, por verse tan lastimados como estaban, porque de noche ni de dia estaban sosegados, sino puestos en gran custodia y cuydado, lo vno, por guardar sus hijas y mugeres que, de cabsa de andar por la tierra cristianos, ellas nunca entraban en poblado ni en casa ni hazian lo que heran obligadas a hazer en el reparo de sus comidas y de sus hijos. Levantada la tierra por la muerte de los cristianos, queriendo hir a ellos, por mejor efetuar su proposito, pasaron convocaçion y llamaron los cristianos dos generaçiones de yndios enemigos destos carives, los quales es jente muy ligera y se dizen Guatatas y Apiraes. Juntos estos yndios con los cristianos, viendo los naturales que convocavan y llamaban enemigos suyos contra ellos, determinaron de levantarse toda la tierra, en tal manera, que pocos o no ninguno quedó que de hecho o de secreto no se levantase.

Levantada la tierra, salieron á ellos dozientos cristianos con dos mill yndios destos que arriba e dicho, y en muchos requentros que con los naturales ovieron, mataron muy gran cantidad de los naturales, y en señal de vengança, les quitavan las cabeças, las quales los yndios que los cristianos llebaban, se llevaban á su tierra, lo qual no hizieran ni osaran acometerles, sino fuera con el fabor que de los cristianos tenían.

Con estas gerras, visto los yndios naturales los grandes daños que los cristianos y gente que con ellos yba les hazian, en les quemar sus casas, talalles y destruylles sus comidas, y que, si más la gerra por la tierra andubiese, no podían escapar, muchos dellos la perdieron yéndose, y otros vinieron a pedir pazes, las quales se les dieron; y desta manera todo, siempre esta probe jente a estado y está pacifica, avnque desollados de cabsa de los grandes daños y perdidas, ansí de hijos y hijas, mugeres que les an faltado, ansí de hanbre por abelles talado los bastimientos, como por aberselas quitado, como dicho tengo.

Bueltos á sus casas, começaron á edificarlas, porque estaban todas quemadas, y antender en sus haziendas y comidas, que de cabsa de la gerra y del temor de los yndios que los cristianos con ellos llevaban, avia dias que de los bosques no osavan salir, do pasavan neçesidades y trabajos ellos y sus hijos, con la poca comida que tenían, que tan solamente hera cardos y algunas salbajinas que por los bosques tomavan: y desta manera estubieron hartos dias, por la qual necesidad faltaron muchas criaturas pequeñas y grandes.

No contentos con estos daños questos naturales avian pasado, aún no bien estavan en sus casas y asientos, quando los amigos y valedores, ansi del capitán Vergara como de los oficiales y capitanes, otra vez por la tierra andaban y algunas lenguas entrellos enbiadas por el capitán, á las quales mandava truxesen yndias, no tan solamente para si, pero ávn tanbien para los quél quería; y desta manera, tornaron otra vez peor que de primero á los perseguir y destruyr, en tal manera, que muchos yndios quedavan cargados de hijos; y vistose tan trabajados, de puro pesar, se morían, no tan solamente él, pero los hijos que, de muy niños, cayan en los fuegos, y como no tuviesen madres, alli se tostavan y quemaban, por no aver quien los sacase; á otros, por no tener quien les dé comer, davanse á comer tierra, y asi acababan; otros, de muy niños y estar a los pechos de las madres al tienpo que se las llevavan y ellos quedaban en aquellos suelos, algunas viejas tomaban algunos dellos y trisnavanse las tetas hasta tanto que sacaban leche, y ansi los criavan encanigados y mal abenturados, y de cabsa que no se hartaban, desta manera acababan sus dias.

Destas yndias questas lenguas trayan, sabrá V. M. que se partían con el capitán Vergara, porque sino le davan la mitad o heran sus amigos y baledores, no quedaban con ninguna, porque esta orden se tenia para los que heran de contraria opinión. Y dado caso que las quitaba, ninguna dellas daban á los yndios, avnque por ellas venian, porque siempre no faltaba alguna manera conque se quedaba en su poder o en el de sus amigos y valedores.

Visto los yndios que no se las tornaban, daban buelta a sus tierras llorando, y de que allegaban a sus casas, las madres, tias y parientas, de que sabían que en poder de los cristianos quedaban, hera tanto el llanto de dia y de noche, que de pura pasión y de no comer, se acababan de morir, ansi los onbres como las mujeres. Y a las yndias puestas en los cristianos heran tan apremiadas muchas dellas, que, de verse ansi, vnas huian a sus tierras, y traydas, las acataban y maltrataban; otras, de verse fatigadas y con el deseo de sus hijos y maridos, y visto que no podían yr a ellos, se ahorcaban; ya que esto no hazian, hartábanse de tierra, porque antes querían matarse, que no sufrir la bida que muchos les daban; no ostante esto, pero otras teníanlas tan encerradas, que ávn el sol apenas las podía ver, y alguna cosa veyan los cristianos con quien ellas estaban que les paresçiese no bien, dado caso que ansi como les pareja no hera, de puros çelos, las mataban o quemaban; y desta manera, andaba la disuluçion en esta tierra.

Querer dezir y anunciar por esta las yndias que se an traydo á esta çibdad, después de la prisión del gobernador Cabeça de Vaca, seria nuncha acabar; pero paresçeme que serán casi çinquenta mili yndias, antes más que menos; y aora al presente estarán entre los cristianos quinze mill, y todas las demás son muertas, las quales mueren de malos tratamientos y de mal onradas, y puestos que ya quellos son cabsa de sus muertes, las traen á sepultar a las yglesias o çimenterios, esto no hazen, antes las entierran y mandan enterrar por los canpos a la vsança de los yndios.

Querer dezir por esta los malos tratamientos que se les hazen, paresçeme que nunca acabaría, pero diré que ay algunos que á la prove gente haze todo el dia cabar en sus haziendas y labores, andando sobre ellas para senbrar mucho para poder vender; y esto seria bueno, si las proves comiesen y de noche descansasen, pero es al contrario, que no comen, sino es alguna mala ventura que traen de las haziendas, y de noche toda la más della les pasa en hilar para vestir al señor que las tiene y tener para vender.

No contentos con estos trabajos y continuas fatigas como tenian, ansi en sus haziendas como en hazer casas de tapias para vender é otros trabajos, al presente tienen otro mayor que les a sobrevenido, en moler cañas dulçes para hazer miel, la qual, no tan solamente veben y comen, pero avn venden, é esta an tomado al presente por grangeria.

Querer contar é anumerar las yndias que al presente cada vno tiene, es ynposible, pero paresçeme que ay cristianos que tienen á ochenta é á çien yndias, entre las quales no puede ser sin que aya madres y hijas, hermanas é primas; lo qual, al paresçer, es visto que a de ser de gran conçiençia el que no tuviere entrada o salida con alguna dellas, porque la ocasión y aparejo que ay al presente es tan grande, que, como digo, sera beato el que no tronpeçare en esto; y desto çertifico a V.M. que los yndios an tomado tan mal enxenplo, qual más no puede ser, porque todo lo que se haze en secreto con ellas, es publico entre ellos, y luego vienen á me lo dezir.

No ostante esto, lo que más pavor, S.M., me a puesto, es ver, como he visto, lo libre vendello por cabtibo; y es ansi, que a suçedido vender yndias libres naturales desta tierra por caballos, perros y otras cosas, y ansy se vsa dellas, como en esos reynos la moneda; y no tan solamente esto, se a visto jugar vna yndia, digo vna avnque muchas son, pero esta, en pena de su malefiçio, tuvo el candil y lunbre mientras la jugaban, é después de jugada, la desnudaron, é sin vestido, la enviaron con el que la ganó, porque dezia no aver jugado el vestido que traya. Esto se hazia algunas vezes en presençia del que mandava, é por él conçertar, le acontecio á él hazer el tal conçierto, porque no se desconçertasen; y no por esto las de-

xavan de dar y daban en dote y casamiento quando casavan sus hijas, y ansimesmo pagavan debdas que debian á algunas personas
con las dichas yndias al tienpo de su muerte, y ansimesmo se de-
xan á sus hijos, de que se mueren.

Estas y otras cosas an pasado en esta tierra hasta aora; y aliende
desto, diré á V.M. que, como el governador fué preso, algunos fueron de opinion contraria de los ofiçiales de V.M., por lo qual, los
an traydo perseguidos y abilitados y afiançados hasta los llamar
leales por via de vituperio.

Despues de salido el governador Cabeça de Vaca, se obo çierta
nueva cómo por los Tinbues venian cristianos, los quales hera la
jente que con Francisco de Mendoça salió del Perú; sabido por el
capitan Vergara y ofiçiales, quisieron salir de la tierra, sobre la
qual salida se ovo entre el capitan Vergara y algunos de los ofiçiales çierta revuelta y enbaraço, de cuya cabsa los leales se llegaron al contador, el qual defendia que no saliesen de la tierra hasta tanto que se supiese qué jente hera; é desta suerte se vino á poner en tales terminos la cosa, que se pensó todo se acabara. Puesto
en estos terminos, vista la perdiçion que se podia resvltar, obieron
de dar corte en los negoçios en tal manera, quel contador ovo de
degender á saber de la dicha jente, é con él fueron aquellos que dizen leales.

Vueltos y visto que los cristianos heran los que con Mendoça avian
venido, fue determinado de yr con gente, y ansi fueron hasta dozientos é çinquenta onbres; en este viaje me hallé, por poder mejor
avisar á V.M. de lo que en la tierra se pasase.

Yendo por nuestro camino el rio arriba, á las nuoventa leguas, dexamos los navios y un pueblo en el qual quedaron çinquenta onbres, y despues desto, entramos la tierra adentro, y quarenta leguas
del dicho pueblo que dexamos, hallamos vna jeneracion de yndios,
que se dizen mayas. Aqui estos huyeron á los principios, por el
gran temor que, de otras vezes que cristianos avian visto, tenian; é
despues enbiaron ciertos mensajeros, con los quales no se hizo lo
que razon hera de se hazer, y visto que los cristianos no querían venir é lo que pedían, ovieron de quemar sus casas é abarse todos, y
asi se desviaron, no haziendo mal a ningún cristiano.

Levantados y desviados de sus asientos y casas estos yndios ma-
yaes, como arriba he contado, visto que se avian retirado, les mandó el capitán Vergara se les hiziese gerra, y asi se les hizo, llevando consigo yndios carioes, naturales desta tierra, que con nosotros avyan ydo, que podrian ser hasta dos o tres mill onbres de
guerra.

Apéndice

Estos yndios carios que fueron á la gerra, dieron en muchos pueblos de mayas é de otras generaçiones questaban juntos con ellos, y dado, mataron é prendieron tantos, que no lo sé dezir por carta; pero diré que fué gran lástima ver las criaturas muertas y los viejos é viejas, sino fueron los mançebos é moças que trayan para dar á sus amos en presente; y no tan solamente fué la persecuçion en los pueblos y casas, pero aun por los montes los andaban buscando é persiguiendo.

Fecha esta guerra, pasó adelante, llevando destos yndios mayas muchos prisioneros é guias, é fué a dar a vn rio pequeño. Llegados al rio, las guias que llevava perdieron el camino, la cabsa fué de a- ver muchos dias que por alli no avian pasado. Perdido el camino, y visto que los yndios no lo açertavan, mandó quemar vna de las guias, é otras dos mataron; é de aqui dimos buelta á otro camino, por el qual dimos en vnos pueblos de chañes, por los quales yvan haziendo muy grandes destruyçiones é muertes.

No contento con esto, mandó a vn capitán, el qual se dize Nuflo de Chaves, que con gente fuese sobre vn pueblo que adelante estava, el qual fué é dio sobre el pueblo por la mañana é mató, de niños é viejos é viejas y onbres, mucha cantidad de jente, sin otros que prendyeron.

Fecha esta guerra, fuymos adelante destruyendo y matando todos los que topavan, lo qual, dado caso que los cristianos no lo hazian, los yndios, que para su serviçio llevavan, lo hazian, y ellos lo consentían y tenian por bueno; de cabsa, de los yndios por do yvan, les trayan presos, é para prendellos, hazian muy grandes daños, ansi en quitalles todo lo que tenian, commo en quemalles sus casas é a- rrancalles sus bastimentos.

Y desta manera fuimos hasta los Moyganos, sin que ninguna gente nos aguardase en sus pueblos, porque los que querian aguardar é venian a trahernos de comer, los tomavan é prendian y llevauan atados, a los quales mandaban y hazian que los guiase a los pueblos por do querian yr; y porque vno herró el camino, de aver muchos dias que por alli avia pasado, lo mandó el capitán Vergara atenazear, é asi acabó el probé yndio sus dias.

Llegados a los Moyganos, como dicho tengo, los yndios naturales nos recibieron bien; de cabsa questaban seguros é les avian hablado por parte del capitán Garçí Rodriguez, que en la vanguardia yba y llevaba; llegados, los yndios dieron munchas cosas, ansi para comer como otras cosas que trayan é avian dado, y visto quel que mandaba, lo repartía con sus amigos y allegados, toda la más de la gente agraviados, fué pedido se hiziese y nonbrase procurador, é asi fué nonbrado é elegido el capitán Camarago, ansi para en esta tierra como para ante V.M.

Fecho esto, determinó el que a la sazón mandaba, de hazer gerra a los yndios miaracanos, los quales estavan junto a estos yndios do esta vamos aposentados, los quales no hazian mal ni daño al gremio dellos: en la qual gerra mataron y prendieron mucha cantidad de gente, é los que daban yndios enemigos suyos, los acabaron: destos yndios, los cristianos no avian ni tomavan más dellos, si no heran las moças y maçebos, porque los demás, todos los mataban los yndios. De aqui caminamos adelante, y fuimos muchos pueblos é casas haziendo gerra, commo atrás he dicho, hasta que llegamos á los Mogranoes, los quales, con saber lo que atrás se abia pasado, temiendo no suçediese á ellos como á los demás, nos esperaron de guerra, é entrando que entramos en el pueblo, començaron á disparar sus armas contra nosotros, do fenesçieron algunos cristianos, é alli arremetieron los cristianos y caballos en tal manera, que á poco espaçio, dexaron el pueblo é prendieron muchas mugeres. E en este pueblo estuvimos quinze dias.

Puestos en este pueblo de Mogranos é desvaratados, á pocos dias después dellos, yendo en búsqueda de comida, hirieron vn yndio de los carios, por lo qual fueron pregonados por esclavos, y se les hizo gerra, en la qual mataron mucha gente, ansi de niños, mugeres viejas y otros yndios de gerra en más cantidad de quatro mill ánimas, de todos, y prendieron más de dos mili, los quales truxeron por esclabos, los quales los oficíales de V. M. é capitán los quintaron, y no los quisieron herrar pareándoles no aber cabsa para ello.

De aqui partimos y fuymos á los Çimeonos, por relaçion que teniamos de aver alli cristianos de los de Juan de Ayolas, y llegados, preguntaron por ellos, y dixeron que enemigos suyos los avian muerto yendo á la gerra con ellos; por esto fueron presos el prinçipal destos yndios que dicho tengo y vn hijo suyo, los quales salieron de paz á los cristianos, haziendoles buenos tratamientos é trayendo de comer.

De aqui partimos á los Corocotoques, llevando presos este prençipal y hijo que dicho tengo, por lo qual toda la tierra se alborotó, viendo y sabiendo cómo saliendo de paz y á traer de comer, los prendian y llevaban.

De alli partimos, con relajón de los yndios que dicho tengo, la buelta de los Tamacoçies, porque alli dezian aver metal blanco y á la mano derecha de como y vamos, avia el metal amarillo, é fué acordado que fuésemos á los Tamacoçies, do como llegamos, salieron de paz, por ser como heran yndios que avian servido é tratado con cristianos: do fuimos ynformados del Perú, y sabido que tan çerca estamos de los rey nos del Perú, fué acordado por el capitán y ofiçiales de S.M. enbiar al capitán Nuflo de Chaves y á otros allá, y la demás jente dio buelta por los Corocotoques do salimos. Aqui ovo diferencia entre los ociarles de S.M. y el capitán, sobre la yda, quel capitán quería hir al Perú en el seguimiento del capitán Nuflo de Chaves; é fué tal, que toda la jente se llegó á la vanda de los oficiales é le contradixeron la yda del Perú, de cuya cabsa é de los requirimientos que le hizieron, se ovo de dysistir del mando que tenia, é fué elegido el capitán Gónçalo de Mendoça, hasta llegar al Paraguay y á esta çíbdad de la Asunçíon. En estos Corocotoques, se hizieron muy grandes gerras, do mataron ynfinitas criaturas é otra mucha gente é prendieron muchos.

De aqui partimos, trayendo ansí estos commo todos los demás que prendian por el camino do venian haziendo gerra, presos y por esclavos, hasta que llegaron al puerto de San Fernando, do, commo llegó al pueblo que quedó poblado al tiempo de la partida, supo commo estaba mandando por elleçion el capitán Diego de Abrego; é sabido, é visto que nunca avia sido de su opinión, trabajó el capitán Vergara con personas que alli estavan cómo dixesen á la gente quel capitán Diego de Abrego les avia quitado todas sus haziendas y serviçio, é las avia dado é repartido a los que él avia querido; de cuya cabsa se alborotó toda la jente en tal manera, que lo ovieron de eligir; é asi vino a esta çibdad con mano armada, y entrando, que entró de noche, echando vandos sopena de la vida é la hazienda perdida, e ser dados por traydores a qualesquier personas que saliesen fuera de su casa hasta otro dia.

Otro dia el capitán Diego de Abrego, con su escrivano, fué a le requerir de parte de V.M. le diese favor y ayuda, ansi el capitán Vergara como los oficiales de V.M., para tener la tierra en paz, quietud é sosiego: lo qual está todo ante el escrivano del capitán Diego de Abrego, al qual respondieron çiertas cosas questán ante el dicho escrivano.

Después desto, a cabo de tres o quatro días, prendieron al dicho capitán Diego de Abrego, é le tuvieron preso, molestándolo con prisiones, hasta tanto quél se soltó é se fué de la carçel.

Salido, algunos amigos suyos se juntaron con él, é determinaron de yr a esos reynos d'España, avisar a V. M. de lo que avia pasado en esta tierra, por la via de San Viçente. Sabido por el capitán Vergara, fué tras ellos con jente de pie é de a caballo, y los prendieron y truxeron presos y maniatados, con muy vituperio y algunos heridos.

Puestos otra vez en la carçel y fatigado de prisiones, determinó de se salir, é ansi lo hizo, y se salió, llevando consigo a vn pariente suyo que con él esta va preso en la carçel; y salido, se fué a los bosques, por do anduvo al pie de quatro años.

Después desto, é buelto de prender al capitán Diego de Abrego, tornó a enbiar por la tierra personas, las quales la desipaban y destruían, tomándoles sus mugeres y hijas é todo lo que tenían, é quemándoles las casas y arrancándoles los bastimentos y haziendoles otros daños muy grandes, porque no les querían dar sus mugeres é hijas. Por lo qual, el procurador general desta provinçia é conquistadores della, viendo los daños que reçibian los naturales y conquistadores, en que vnos la gozavan y otros la sustentaban y nunca se aprovechavan della, determinó de le requerir sobre ello, é sabido por el capitán, le enbió a dezir que no lo hiziese, porque le avia de ahorcar por ello, por lo qual el procurador determinó de callar, é sabido por los conquistadores, especialmente por Miguel de Rutre, le dixo que por qué no hazia lo que hera obligado a procurar por la tierra é conquistadores della, como lo avia prometido é jurado. Visto esto, é que no quería el procurador hazerlo, temyendose del capitán, el Miguel de Rutre le dixo: «yo se lo requiriré o le haré que lo haga o se desista»; lo qual, todo vino á notiçia del capitán Vergara, que veynte leguas de aqui estaba, y luego vino e venido, yendole a ver, como amigo que hera, el procurador, le mandó prender, é preso le tubo á buen recabdo. Sabido por Miguel de Rutre, fué a hablar con el capitán sobre el procurador é que no tenia culpa, é legando que llegó, lo prendió, é preso, aquella noche, les mandó dar garrote, sin confision, dado caso que la pidieron muy muchas vezes, é tenia clérigos dentro de su casa, diziendo que no avian menester confesarse.

Muertos Migel de Rutre y Camargo, vinieron de empadronar la tierra que, antes que los matasen, avian ydo a la enpadronar para la repartir, lo qual con poca ocasión que ovo, la dexó de repartir, pero por eso no dexó todavia de enbiar sus faravtes á traher todo lo que por ella halla van, yndios y mugeres como antes lo avian hecho.

Todo esto pasado, determinó de hazer entrada, la qual hizo dexando mandando al contador Felipe de Caçeres contra la voluntad de los más del pueblo, por lo qual, el capitán Diego de Abrego, que, sienpre en el servido de V.M. se avia mostrado, que en los montes estava, viendo que muchos de su jente se salian, de cabsa de no ser perseguidos y desarmados, como todos sienpre lo an sido, después

Apéndice

que se prendió el governador Cabeça de Vaca, salió a los recojer, y teniéndolos consigo en vn bosque, dio buelta el capitán Vergara, que aora manda por governador, del camino que llevaua, y dio sobre él llevando ochoçientas ánimas, antes más, de yndios naturales y de otros comarcanos y cristianos, que muchos llevaba por fuerça, so grabes penas que les ponia, y lo desbarató y prendieron tres cristianos, los quales luego mandó ahorcar y asi fueron ahorcados. Otros, que después desto tamaron, los puso al pie de la horca, y por ruegos, los dexó; pero quebró la furya en les llevar todo lo que tenian, porque en costas y principal, se y va todo; y asi mesuro ahorcó vn prinçipal desta tierra, por dezir que avia dado de comer al capitán Diego de Abrego é gente.

Hecho esto, determinó de proseguir su viaje, y ansi lo hizo, dexando mandando al contador, como antes dexava, al qual hizo jurar, so çierta pena que para ello puso, y mandó al contador esecutase sus vandos que avia echado, que los que con Diego de Abrego se avian hallado, á los quales o á los más destruyó, y no contento con esto, mandó dar su merced para matar al capitán Diego de Abrego, y hallándolo vna noche en vn bosque, malo de los ojos y solo, le dieron vna saetada por el coraçon, de la qual luego murió sin hablar palabra ni llamar á Dios.

Muerto el capitán Diego de Abrego, dio buelta del viaje que llevaba, por hallar la tierra despoblada, de cabsa que tomó otro camino del que avia de llevar, por yvitar que Garçí Rodríguez no pasase á los reynos del Perú, do pensaba yr á avisar á V. M. de lo suçedido en la tierra.

En esta buelta, de hanbre, frio y malos tratamientos, murieron dos mill yndios naturales desta tierra.

Buelto aqui, no olvidó su mala costunbre de chinchorrear y quitar las yndias de los yndios, ansi para él, como para dar á otros que con él avian ydo, no enbargante que, antes que partiese para la entrada, les avia dado muy grandes largas para que por la tierra anduviesen á robar, con titulo que hera servicio de V.M., lo que quería hazer en descubrir la tierra.

Después de lo qual, queriendo otra vez hazer y efetuar su entrada, no ostante que antes avia muerto en la provincia del Paraná mucha jente y ahorcado muchas viejas, de cabsa que heran escasas de dar sus hijas, y por esto los yndios ababan todo quanto tenian y estaban en las casas solos, y por vellos estar sin mugeres les levantaban questaban abados y de gerra é ansi los mata van é buscaban las yndias por los bosques, y otros, de miedo, las daban; y desta manera truxeron mucha cantidad dellas, con las quales daba algunos, para los prendar para, cada y quando fuese a la entrada, fuesen con él.

Pasado todo esto, vino nuebas cómo S.A. hazia governador desta provinçia al capitán Vergara, y sabido, dexó otra vez de efetuar la hentrada, y luego enbió al capitán Nuflo de Chaves con çierta gente en busca y demanda de Bartolomé Justiniano, que hera el que traya las provisiones; el qual, yendo en la demanda que llevaba, la dexó é fué a dar en vnos yndios, porque tubo noticia que nadie avia llegado a ellos, y tuvo bregas con ellos, é mató é prendió muchas mugeres é muchachos, las quales repartió entre todos los que con él llevava.

Estando el capitán Nuflo de Chaves ocupado en esto, vino el Bartolomé Justiniano, y él legó a esta çibdad y dio las provisiones que traya, las quales presentó, é presentadas, le obedeçieron como S.A. lo mandaba por sus provisiones.

Después de venidas las provisiones é obedeçido, mandó se enpadronase la tierra, é y dos anpadronar y traydos los padrones, la repartió entre sus amigos é baledores estranjeros é personas que nuevamente del Perú avian venido é de otras partes.

Puesta la tierra en este estado, determinó de yr otra vez al Paraná, y en saliendo, llegó a esta çibdad el obispo y Martin de Vte, con çiertas provisiones de V.M., las quales se leyeron algunas dellas; y antes que el obispo llegase y la tierra se repartiese, no dexava de desollar los naturales de la tierra y quitalles sus hijas y mugeres, y no contento con esto, daba liçençias a los vezinos de San Viçente para que pudiesen sacar yndias desta tierra y llevallas a San Viçente, y asi llevaron muchas. Estas y otras cosas, ynvitisimo príncipe y señor, son las que en esta tierra an sucedido, mientras en esta tierra a faltado la justicia de V.M., la qual ruego en mis sacrifiçios a Nuestro Señor ponga en coraçon de V.M. que sienpre nos la provea, para que, mediante ella, sirvamos a Dios Nuestro Señor y á V.M. Nuestro Señor la ynvitisima persona de V.M. guarde y en muy largos años acreçiente, como sus leales vasallos deseamos, para que sienpre nos tenga en paz é Justiçia. Desta çibdad de la Asunçion, á veynte é çinco de junio de mill y quinientos y çinquenta y seys años.

Sacra Cesárea Católica Real Magestad, el vmilde capellán de Vuestra Magestad que sus pies y manos Reales besa

Martin González.

Apéndice

Sobre.—A la Sacra Cesárea Católica Real Magestad del Enperador y Rey nuestro señor, o a los señores de su muy alto y poderoso Consejo de Yndias.—Va del Rio de la Plata.

ÍNDICE

Índice

RAMÓN INDALECIO CARDOZO

El Prof. Ramón Indalecio Cardozo nació en Villarrica, una de las ciudades fundadas por Melgarejo, el 16 de mayo de 1876, y falleció en Buenos Aires, Argentina, el 20 de abril de 1943. Cursó estudios en las escuelas públicas de Villarrica, graduándose de Maestro en la Escuela Normal, y haciéndose cargo en 1898 de la Escuela Graduada de Varones.

En 1905 publicó su primer libro, *Pestalozzi y la enseñanza contemporánea*, al que siguió una rica producción de material educativo e histórico.

En 1921 el Presidente Don Manuel Gondra lo nombró Director General de Escuelas, realizando planes de reforma de la educación en Paraguay, reformando las escuelas normales y propiciando una nueva ley de educación primaria.

Preocupado por la influencia argentina en la enseñanza de historia en el Paraguay, produjo a partir de 1927 una serie de libros (*El Paraguayo*, en tres volúmenes), y en 1931 organizó en Congreso Pedagógico en Asunción. En 1932 renunció a su cargo, pero la renuncia no fue aceptada sino hasta un año después, en que tomó sus cátedras en la Escuela Alemana y en el Colegio Internacional.

Entre 1936 y 1939 publicó numerosos trabajos sobre pedagogía y los libros *El Guairá, historia de la antigua provincia*; *La pedagogía de la escuela activa* y *Melgarejo, el fundador de Villarrica*; y el mismo año de publicación de *Melgarejo* (1939) fue nombrado Director de Tierras y Colonias.

El Prof. Ramón Cardozo casó con Juana Sosa y tuvo cuatro hijos: Virginia, Elena, Elisa y Efraím (1907-1973), este último también reconocido historiador, presidente del Partido Liberal Radical, y Secretario de la Presidencia de la República (1928-1932).

SAUL M. MONTES-BRADLEY II

Witches Memorial, Salem, Massachusetts
Photo: Sebastian Peroni, 2006

Nacido en Argentina por no haber sido consultado –en palabras de su lamentado amigo Larry Nathan Burns, porque *"siendo un caballero, no podía dejar a su madre esperando en día tan importante para ella, independientemente de dónde se le diera por parir"*– Saúl Montes-Bradley abandonó en cuanto pudo la tierra de su nacimiento hacia la de sus ancestros y rara vez mira hacia atrás.

En el curso de los últimos veinte años, ha hecho extensas investigaciones en Nueva Inglaterra y Europa, expresados en docenas de artículos publicados en Flintlock & Powderhorn, The Patriot, The Minuteman y otras revistas regionales y nacionales de los Estados Unidos; y libros de genealogías de familias de Nueva Inglaterra, Alemania y Pennsylvania; y de investigación de los cementerios de disidentes de Buenos Aires; además de numerosos estudios para sociedades linásticas.

De su voluminoso *The Bradleys of Essex County Revisited* (TOBF, 2004), el Dr. Ralph J. Crandall de la Sociedad Histórico-genealógica de Nueva Inglaterra (NEHGS) dijo: *"El compilador de este trabajo, Saul Montes-Bradley, es un descendiente en décima generación de Danyell Broadley, que, nacido en Argentina vino a los Estados Unidos para asistir a la Universidad de Nueva York y ahora reside en Florida con su familia. Habiendo sido introducido a edad temprana a la genealogía por su padre, Saul ha documentado su familia en Inglaterra, America y Argentina. Su extensa in-*

vestigación ha incluído numerosos viajes a Yorkshire, a Nueva Inglaterra y a través de su Argentina natal. Este volumen habrá de permanecer como el trabajo estándar de esta familia internacional."

Saul Montes-Bradley vive en Virginia y Florida con su esposa Alejandra y sus hijos, y es miembro activo de la Sociedad histórico-genealógica de Nueva Inglaterra; la Sociedad de historia de Maine; la Sociedad de historia de North Andover; la Sociedad de hijos e hijas de los primeros fundadores de Newbury, Massachusetts; la Sociedad de hijos de la Revolución; la Sociedad de hijos de la Revolución Americana; la Orden de los Fundadores y Patriotas de los Estados Unidos de América; la Orden de la Corona de Carlomagno; la Orden Baronial de la Carta Magna; la Sociedad de la Guerra de 1812; la Sociedad de genealogistas de Londres; la Real Sociedad de San Jorge; y de numerosas organizaciones de la Fraternidad Masónica; entre otras, y socio fundador de *Son of a Witch*, organización que reúne a los descendientes de aquellos acusados o ejecutados por "brujería" en el siglo XVII.

www.ingramcontent.com/pod-product-compliance
Lightning Source LLC
Chambersburg PA
CBHW051724260326
41914CB00031B/1721/J